ODÙ-ÒRÌṢÀ

Volumen 1

OKANRAN
EJIOKO
OGUNDA
IROSUN

Bàbá Osvaldo Ọmọtọbàtálá

Todos los Derechos Reservados © 2010

Queda prohibida cualquier forma de reproducción,
Transmisión o archivo en sistemas recuperables,
Sea para uso privado o público por medios mecánicos,
Electrónicos, fotocopiadoras, grabaciones
O cualquier otro, total o parcial,
Del presente ejemplar, con o sin finalidad de lucro,
Sin la autorización expresa del autor.

Editado por Lulu.com

ISBN 978-0-557-94722-5

AL LECTOR

Este libro es el primer volumen de una colección de 4 libros basados en *odù* de *òrìṣà*.

ODÙ-ÒRÌSÀ
Volumen 1 – Okanran-Ejioko-Ogunda-Irosun

ODÙ-ÒRÌSÀ
Volumen 2 – Ose-Obara-Odi-Ejionile

ODÙ-ÒRÌSÀ
Volumen 3 – Osa-Ofun-Owonrin-Ejila Sebora

ODÙ-ÒRÌSÀ
Volumen 4 – Ologbon-Ika-Obetegunda-Alafia

El material expuesto en estos libros está totalmente basado en fuentes orales de linajes de *òrìṣà* nago de Benin recolectado por el sacerdote y adivino de *òrìṣà* (*Awolóriṣà*) Osvaldo Ọbàlúfọ̀n Ọmọtọbàtálá.

Nos ha faltado agregar a este trabajo muchas otras historias que seguramente también son importantes, pero si fueramos a escribir todo el conocimiento no nos daría la vida para terminar de hacerlo.

Agradecemos desde ya a todos los lectores por su preferencia y esperamos que les agrade este libro.

ENTENDIENDO EL SISTEMA ORACULAR
Planteamientos sobre Òrìṣà e Ifá

Las historias de *odù* y *ọmọdù* del *ọ̀wọ́ mẹ́rìndínlógún* (oráculo de los cauríes – *Búzios*) correspondientes a la tradición de *Òrìṣà*, que contiene este libro, son historias que aprendí con mis mayores de la tradición nagó (sub-grupo yoruba) cuando me consagraron *awolóriṣà*, he tratado de resumir las mismas sin que pierdan su sentido, buscando también transcribir las que desde mi punto de vista aportan conocimientos y/o fundamentos importantes para el culto de *òrìṣà*.

Los 16 caracoles o "búzios" es un tipo de sistema oracular utilizado exclusivamente por los sacerdotes del culto de las divinidades conocidas como *Ẹbọra, Òrìṣà, Ọ̀rọ, Ìrunmalẹ̀*, cuyos sacerdotes son denominados por los propios yorubas como *awo-ọ̀rọ, awo-òrìṣà o awolóriṣà, babalóriṣà o bàbá olóṣà* (esta forma es usada también en tierras yorubas, aunque muchos digan que no es así, y que fue inventada en América, puesto que los *awo-óriṣà* que tienen discípulos son llamados *bàbá*, y la expresión "babalóriṣà" no es otra cosa que la síntesis de la frase *"bàbá awo ní òrìsà"* (Padre poseedor de *òrìṣà* y su secreto).

Cada culto independiente de cada uno de los *òrìṣà*, posee en África su sistema oracular que consta de 16 cauríes en la mayoría de los casos y cada oráculo pertenece siempre a la divinidad regente en dicho culto, por ejemplo, en el culto de *Ṣàngó*, los dieciséis caracoles le pertenecen a él. Cuando alguien le pregunta a un seguidor de *Ṣàngó* en tierras yorubas a quien pertenecen los "cauríes adivinatorios", muy seguro dice:

"Ṣàngó l'ọ́wọ́ èérìndínlógún, bàbá wà dé lati ọrun gbé rù òwó èérìndínlógún, ẹdun àrá atì òṣẹ̀"

(*Ṣàngó* es el dueño de los 16 cauríes, nuestro padre llegó desde el cielo cargando 16 cauríes, una piedra de rayo y un hacha de doble filo).

Mientras tanto, en el culto de *Yemọja*, los iniciados usan 16 cauríes para la adivinación y aseguran que los mismos pertenecen a dicha divinidad, que fue *Yemọja* quien trajo los caracoles desde un lugar distante en el mar para que sus devotos pudieran comunicarse con ella.

En el culto de *Ọ̀ṣun* en los alrededores de Ibadan, la mayoría de los practicantes asevera que fue *Èṣù* quien le entregó los dieciséis cauríes a *Ọ̀ṣun* y el conocimiento de dicho sistema oracular. Mientras tanto, los *babaláwò* (sacerdotes del culto de *Ifá*) afirman que fue *Ọ̀rúnmìlà* quien le entregó los dieciséis cauríes a *Ọ̀ṣun*.

En el culto de los cazadores (*Ògún, Ọ̀ṣọ́ọ̀sì, Ode*) los iniciados en sus misterios usan únicamente cuatro (4) cauríes para la adivinación, usando un sistema similar al del *dídá obì* (adivinación con la nuez de cola), ya aquí, el oráculo deriva de la adivinación con nuez de cola, sistema de comunicación usado en términos generales para entablar diálogo con cualquier divinidad e incluso con los muertos.

En las regiones nagó de la República Popular de Benín, el sistema oracular usado en el culto de *òrìṣà* es también el de los 16 cauríes y la dueña de dicho oráculo es *Òòṣà Bi (Òrìṣà Bi)*, también conocida como *Yemawu (Òrìṣà funfun femenino)*.

Ya en el culto de *Ifá*, el sistema oracular no está basado en el uso de cauríes y sí en el uso de *ọ̀pẹ̀lẹ̀* (8 mitades de cáscaras de nueces de cola unidas por una cadena) y en los *ikin* (semillas de una variedad de palmera considerada sagrada).

En cada culto de cada divinidad, el sistema oracular es usado para comunicarse con la divinidad regente o principal, la cual está representada por elementos que contienen su *àṣẹ,* por ejemplo, los seguidores de *Ṣàngó* usan los cauríes para obtener respuestas y consejos de éste.

En el sistema oracular de los cauríes, las "caídas" o "jogadas" se denominan *odù-òrìṣà*, mientras que las "caídas" del *ọ̀pẹ̀lẹ̀* (por ejemplo) en el culto de *Ifá* se denominan *odù-ifá*.

En el oráculo de los cauríes es el *Èṣù* que acompaña a cada una de las divinidades el que se encarga de transmitir los mensajes de la Divinidad patrona en cada culto.

No existe una "supremacía" de ningún culto sobre otro, sea *Ifá; Òrìṣà (Ọbàtálá); Ṣàngó; Yemọja; Ọ̀ṣun*; etc. cada uno tiene sus practicantes y seguidores, cumpliendo una función dentro de la sociedad yoruba, del mismo modo que dentro de la sociedad occidental la Iglesia Cátolica; el evangelismo; protestantismo y las diversas ramas derivadas del cristianismo, tienen sus practicantes y cumplen cada una su función, siendo opciones distintas. A pesar de que tal vez en occidente se pueda ver al Catolicismo con el Papa a la cabeza como el culto que rige por sobre los demás, bien sabemos que dichos cultos derivados del cristianismo nada tienen que ver uno con el otro, incluso hasta llegan a disputarse los fieles; una visión similar podría dar el culto de Ifá en Nigeria con el Araba a la cabeza, aparentando ser el "papado" de las tradiciones de Òrìṣà, sin embargo esto no es así, ya que al igual que las diferentes ramas del cristianismo, los diversos cultos de òrìṣà tienen raíces comunes pero son cultos distintos e independientes entre sí.

En el afán de dominio, poder y supremacía en los cultos afro-americanos surgen muchos personajes que pretenden confundir para obtener ganancias y poderío sobre los practicantes o creyentes incautos.

Entonces, debería quedar claro que:

a) No existe la *"jogada de búzios por odu a* **través de Ifá***"* o la *"tirada de los caracoles por odu* **a través de Ifá"** . La consulta a los 16 cauríes (búzios o caracoles) se hace a través de Odù-òrìṣà, la comunicación es con òrìṣà, NO CON IFÁ.

b) Sólo un *awo* de *Ifá* puede comunicarse con Ifá a través del sistema oracular que le corresponde, que sería el òpèlè o los *ikin*.

c) Un *babaláwò* no tira los caracoles (buzios), ya que dicho oráculo es para que los iniciados en òrìṣà se comuniquen con òrìṣà.

Algunos en América apoyan la teoría de que siempre un *babaláwò* sea imprescindible para muchas cosas que se deban hacer en el culto de *òrìṣà*, culto que dicho sea de paso no es el suyo. Sería como que un *obispo católico* se hiciera necesario para que alguien fuera bautizado dentro del *evangelismo* (absurdo no?). En Nigeria o en la Rep. Pop. De Benín, usted nunca va a ver que un *babaláwò* tenga que estar presente durante una iniciación en el culto de *òrìṣà*, mucho menos deberá entregarle nada al nuevo iniciado, porque no es su competencia, a lo sumo, el *babaláwò* podría participar si estuviera también iniciado en el culto del *òrìṣà* en cuestión, pero su participación se debería justamente a que está iniciado para ese ÒRÌṢÀ y no porque esté iniciado en Ifá.

Ifá es la divinidad de los destinos, de la previsión, que aconseja de modo general a cualquier persona, sea practicante o creyente de cualquier culto de *òrìṣà*, pero no es su competencia suplantar al *òrìṣà*, un sacerdote de *Ifá* debería dedicarse a iniciar gente en *Ifá* y no debería intentar acaparar las "cabezas" de los otros cultos, porque eso habla mal de él y también habla mal del propio *Ifá*. Es que lamentablemente muchos *awos* estuvieron y están usando el proselitismo, jugándole sucio a los demás cultos, creando una conciencia errónea entre la diáspora, haciendo creer que "sin *Ifá* no hay salvación" o que "Ifá es la supremacía"; claro, pero eso también lo diría un iniciado en *Ṣàngó* en África sobre su culto: "Sin *Ṣàngó* no hay salvación" o cualquier otro iniciado en cualquier otro *òrìṣà* puede decir también lo mismo, puesto que su *òrìṣà* es la salvación para él o lo supremo; también lo mismo puede decir un evangelista: "Jesús es la salvación" o "Jesús es el camino" y tiene también razón, pero dentro de su culto y creencia, no así en un sentido general por sobre las demás religiones, ya que todas deben ser respetadas y toleradas. El hecho es que los sacerdotes y practicantes de *òrìṣà* de tierras yorubas no salen por el mundo a hacer proselitismo, no les interesa captar gente, porque ellos saben perfectamente que sólo aquel que tenga al *òrìṣà* designado en su destino puede iniciarse en su culto, o sólo aquel que sea aceptado por ese *òrìṣà* (a veces un *òrìṣà* puede reclamar adoración por otros motivos).

El problema es el fanatismo, que siempre ha empañado la visión objetiva de los fieles y además está el hecho de que muchos "neo-tradicionalistas" son tan **nuevos**, que no tienen la menor idea de lo que practican y mezclan fundamentos, englobando todo como algo único y sin variantes, cuando bien sabemos que incluso en Nigeria y la Rep. Pop. De Benín las variantes son muchas y los cultos difieren bastante de una región a otra dependiendo del linaje que se practique, más todos se respetan y no intentan hacer prevalecer su credo u opinión por sobre el resto. La tolerancia debería ser aplicada para que se respetara al culto de *òrìṣà* en la diáspora, sin pretender manipularlo desde *Ifá* y sin querer hacer creer a la gente que el culto de *Ifá* y *Òrìṣà* son la misma cosa. Si bien existe la adoración de *Òrìṣà* a través de *Ifá*, el culto de *Ifá* es independiente y distinto al de *Òrìṣà*.

Han aparecido también aquellos que luego de iniciarse en *Ifá* en Nigeria, aprovechándose de la ignorancia del pueblo religioso afro-brasileño rioplatense (Uruguay y Argentina), quieren hacer creer a la gente que ahora practican "religión de *òrìṣà* – *ifá* tradicional", cuando lo que deberían decir es que hacen *Ifá tradicional*, pero que por el lado de *òrìṣà* siguen haciendo el mismo "batuque" que hicieron toda la vida, con las mismas carencias y la misma ignorancia de siempre, lo único diferente es que ahora sumaron un culto más a su baúl de creencias, ya bastante mezclado con la umbanda y la kimbanda. Para que alguien diga que hace "*òrìṣà* tradicional", debería haberse iniciado en el culto de *òrìṣà* bajo las manos de algún sacerdote tradicional yoruba, porque en *Ifá* no se entrega ni se asienta *òrìṣà* de cabeza, pues ningún *babalawo*, sea de *ilẹ̀-ifẹ̀* o de donde sea, tiene la potestad como para hacer rituales y asentar en la cabeza de alguien a *Ọbà, Ṣànpọ́nnà, Ode, Òsanyìn, Ọṣun, Ṣàngó, Sobo, Ọbàtálá, Oṣangiyán, Oya, Yèwà, etc*. Estas cosas deberían siempre aclararse, pero, claro, a los ambiciosos en busca de ignorantes con dinero no les conviene, porque se perderían la oportunidad de cobrar una gran suma de dinero asentándole a algún desprevenido un seudo-asentamiento, supuestamente "tradicional" bajo un remedo de rituales similares a los de *Ifá*, de variadas diferencias con el culto de *òrìṣà*.

ÒKÀNRÀN

Okanran hizo la adivinación para la Gallina de Guinea.

Òkànràn kãn kãn kãn
Ni Awórişà Ẹtù
Nlọ da fun Ẹtù
Ẹtù nw'omi ti e ş'ogbere ọmọ
Nwọn ni ki Ẹtù o ru ẹbọ
Ki l'on a ru?
Nwọn ni ki Ẹtù o ru ẹgba mọkanlá
Nwọn ni o ru obì mọkanlá
Nwọn ni o ru akukọ adiẹ
Nwọn ni o ru ìgbín mọkanlá 10
Nwọn ni o ru aşọ ara rè
Nwọn ni k'ọ ma tọ Òòşà lọ
Ẹtù ru ẹgba mọkanlá
O ru obì mọkanlá
O ru akukọ adiẹ
O ru ìgbín mọkanlá
O ru aşọ adirẹ ara rè
Ẹtù sa k'ẹbọ, o rubọ bẹ
Ẹtù sa k'obì, o tọ Òòşà lọ
Ki Ẹtù o de, igba o şe nu 20
Ẹtù ba bẹrẹ s'ọmọ bi
Ọmọ Ẹtù ọ l'ẹnu ma.
Ẹtù wa njó, ni nyọ
Ni nyin awọn awo
Awọn awo nyin'Şà
O ni Òkànràn kán kán kán
Awọ Ẹtù l'ọ da f' Ẹtù
Ẹtù nw'omi ti e ş'ogbere ọmọ
O l'a gbọ ru ẹbọ
Atukan eru; 30
Ko i pẹ, ko i jinna,
Ẹ ri mi n'jẹbutu ọmọ
Òòşà wi pe ire omo l'on fọ şẹ o

Traducción:

Okanran uno, uno, uno,
Es el adivino de Òrìṣà de la Gallina de Guinea,
Él fue quien hizo la adivinación para la Guinea.
La Gallina de Guinea estaba buscando agua cuando no tenía hijos.
Ellos dijeron que la Gallina de Guinea debía ofrecer sacrificio.
Qué sacrificio ella debía hacer?
Ellos dijeron que la Gallina de Guinea debía ofrecer 22.000 cauríes;
Ellos dijeron que debía ofrecer un pollo;
Ellos dijeron que debía ofrecer 11 nueces de kola;
Ellos dijeron que debía ofrecer 11 caracoles;
Ellos dijeron que debía ofrecer la ropa que llevaba puesta;
Ellos dijeron que ella debería ir al Òrìsà.
La Gallina de Guinea ofreció los 22.000 cauríes,
Ella ofreció 11 nueces de kola;
Ella ofreció el pollo;
Ella ofreció 11 caracoles;
Ella ofreció la ropa teñida que estaba usando;
La Gallina de Guinea juntó las cosas para el sacrificio, ella ofreció el *ebo*.
Ella juntó las nueces de kola y fue al pie de *Orisa*.
Cuando la Gallina de Guinea llegó, después de un tiempo,
La Gallina de Guinea empezó a tener hijos.
Los hijos de la Gallina de Guinea fueron incontables.
La Gallina de Guinea bailó y se regocijó
Ella rindió homenaje a sus adivinos
Y los adivinos fueron a alabar a *Orisa*.
Ella dijo: "*Okanran* uno, uno, uno"
El adivino de la Gallina de Guinea fue quien hizo la adivinación para la Gallina de Guinea.

La Gallina de Guinea estaba buscando agua cuando no tenía hijos.
Ella dijo: "Nosotros escuchamos y ofrecimos sacrificio";
"Nosotros apaciguamos a los dioses";
"No pasará mucho tiempo, no está lejos"
"Que usted me verá con abundantes hijos"

Orisha dice que vendrá bendición de hijos.
Cuando aparece este *odù* y el cliente anda buscando tener hijos, se le dice que haga el mismo ebo que hizo la Gallina de Guinea.

Òkànràn hizo la adivinación para el Gallo

Òkànràn kãn kãn kãn
Dá'sà fun Akukọ
Nijọ́ tí nlọ ilẹ̀ jinà
Nwọn ni ki Akukọ ru ẹbọ
Nwọn ni ki o ru ẹbọ fun Èṣù L'ode 'lú
Ki l'on a ru?
Nwọn ni ki Akukọ ru ẹgba mọkanlá
Nwọn ni o ru òbúkọ
Nwọn ni o ru epo pupa
Nwọn ni o ru aṣọ ara rè
Nwọn ni o ru àgbàdò
Nwọn ni o ru obì mọkanlá
Akukọ gbó atì kò ṣ'ẹbọ
Ò ni tí yio mu ṣe àgbàdò fun jẹ
Ò ni tí yio mu ṣe obì fun jẹ
Ò ni tí yio mu ṣe ara rè
Akukọ lọ atì kò s'ẹbọ
L'ọnà Akukọ bá' sù aṣọ b'ọlópa
Èṣù ni kò lè kojá ọnà ìyen
Èṣù ni tí lọ omíran ọnà sí láìléwu
Nígbatí Akukọ lọ,
Èṣù dáníjì àwọn olè tí ràn-lọ ẹni tí ó farapa
Awọn olè jálè Akukọ atì lù un di 'kú
Èṣù mú èjè rè atì mukuro ìyé-ẹiyẹ rè (aṣọ ara rè)
Lati ìyen ojọ́ Èṣù jẹ akukọ

Traducción:

Okanran, uno, uno, uno
Hizo la adivinación para Gallo
El día en que se estaba yendo a una tierra lejana
Ellos dijeron que el Gallo debía ofrecer sacrificio
Ellos dijeron que debía hacer una ofrenda a Èṣù en las afueras del pueblo
Qué es lo que debo ofrecer? Preguntó
Ellos dijeron que debía ofrecer 22.000 cauríes
Ellos dijeron que debía ofrecer un cabrito
Ellos dijeron que debía ofrecer aceite de palma
Ellos dijeron que debía ofrecer la ropa que tenía puesta
Ellos dijeron que ofreciera maíz
Ellos dijeron que ofreciera 11 nueces de kola
El Gallo escuchó y no hizo la ofrenda
El dijo que necesitaba el maíz para comer
El dijo que necesitaba las nueces para comer
Dijo que necesiba la ropa que tenía puesta
El Gallo se fue y no hizo el ebo.
En el camino se encontró con Èṣù disfrazado como policía
Èṣù le dijo que no podía tomar ese camino
Le dijo que debía ir por otro camino más seguro
Cuando el Gallo se fue,
Èṣù alertó a los ladrones que les enviaba una víctima
Los ladrones robaron al Gallo y lo golpearon hasta que murió
Èṣù bebió su sangre y le quitó las plumas (ropa que tenía puesta)
Desde ese día Èṣù empezó a comer Gallo.

Se le dice a la persona que le aparece este odù, que si tiene una deuda con Èṣù deberá pagarle antes de hacer cualquier viaje, porque corre el riesgo de ser robado o de tener un accidente. Si va a viajar que haga una ofrenda, que constará de un gallo, *epo*, maíz tostado, nueces de kola y una muda de ropa usada que le pertenezca.

Òkànràn hizo la adivinación para el adorador de Èşù

Òsá ni ogun;
Òkànràn ni ogbon
Da fun Eléşù l'ęsę Buko.
Nwọn ni ọ f'ębọ ọlà 'lę;
Nwọn l'ębọ ọmọ ni ọ màá şe
Bę ni Eléşù l'ęsę Buko ni;
O ni owo, ti owo nàá pọ
On a ti şe t'on le'i bi'mọ?
Nwọn ni ọ lọ rubọ.
Kil'on a ru?
Nwọn ni o ru ęgba mọkanlá
Nwọn ni o ru ęwu ọrun rę;
Nwọn ni k'o ru akukọ adię
Nwọn ni k'o ru ęiyęlé
Nwọn ni k'o ru ęmo
Nwọn ni o ni obì mọkanlá
K'o ni ìgbín mọkanlá
K'o màá tọ Òòşà lọ
Eléşù l'ęsę Buko, ọ sa k'ębọ, o rubọ nu
K'ọ k'ębọ, k'o rubọ bèé tan nu
Ọ sa bęrę s'ọmọ bi
Ọmọ nàá ọ l'ęnu ma
L'o ba njo, ni nyọ
Ni nyin awọn awórişà
Awọn awo nyin'Şà
Ọ ni bę ni awọn awo t'on s'ęnu re wi.

Traducción:

"*Osá* tiene veinte
Okanran tiene treinta"
Fueron los que hicieron adivinación para el adorador de *Èṣù*
cerca de *Buko*.
Ellos le dijeron que debía dejar de sacrificarse por el honor
Ellos le dijeron que un sacrificio para tener hijos era lo que debía hacer,
Pues no quedarían: "adoradores de *Èṣù* cerca de *Buko*"
Tenía dinero, abundancia de dinero,
Qué debería él hacer para poder tener hijos?
Ellos dijeron que debía ofrecer sacrificio
Qué debería ofrecer?
Ellos dijeron que debía ofrecer 22.000 cauríes,
Ellos dijeron que debía ofrecer el traje que llevaba puesto,
Ellos dijeron que debía ofrecer un pollo,
Ellos dijeron que debía ofrecer una paloma
Ellos dijeron que debía ofrecer una rata
Ellos dijeron que debía ofrecer 11 nueces de kola
Ellos dijeron que debía ofrecer 11 caracoles
Y que debería ir al pie de *Orisa*.
"El adorador de *Èṣù* de cerca de *Buko*", juntó las cosas para el sacrificio, Él ofreció el sacrificio.
Cuando Él hubo recogido todas las cosas y terminó de hacer el sacrificio,
Él empezó a tener hijos
Y sus hijos fueron incontables
Él bailó y se regocijó,
El estuvo alabando a los adivinos de *Òrìṣà*
Y los adivinos fueron a alabar a *Òòṣà*.
Él dijo que los adivinos habían dicho la verdad

Òrìṣà dice que vendrá bendición de hijos para la persona, que si no está buscando hijos, debería buscar tenerlos.

Ọ̀kànràn hizo la adivinación para el pueblo de *Igboho Moro*

Ọwọ kan ni o gbe'gba d'ori;
Ẹsẹ kan o ṣẹ t'ori afara
Awọn l'ọ da fun wọn ni 'Gboho Mọrọ
Nibiti're wọn ṣi lọ bi ẹiyẹ
Nwọn ni ki nwọn ọ ru ẹbọ
Nwọn ni k'ara 'Gboho,
Nwọn ni nwọn o rubọ
Kil'awọn a ru?
Nwọn ni nwọn o ru ẹgba mọkanlá
Nwọn ni ki nwọn o si ru aṣọ funfun
Nwọn ni nwọn o ru ìgbín mọkanlá
Nwọn ni nwọn o ru akukọ adiẹ
Nwọn o ru agbebo adiẹ
Nwọn o ru ẹiyẹlé
Ki nwọn o ru ẹmo
Ki nwọn o ru okete
Ki nwọn o ru ọpọlọpọ ẹpo
Nwọn sa k'ẹbọ, nwọn ru ẹbọ nu;
Nwọn k'eru, nwọn tu nu
Ni're ba sa ṣi pada dé
Ire sa pada dé
L'ara 'Gboho ni nwọn ba sa,
Nwọn sa nbi' mọ
Nwọn sa nlá, ni nwọn nlu
Nwọn wa njó, nwon nyọ
Nwọn nyin awọn awọ
Awọn awọ nyin'Ṣa

Traducción:

"Una mano no puede levantar la calabaza sobre la cabeza"
"Un pie no es seguro para un puente"
Fue la adivinación para la gente de *Igboho Moro*
Cuando sus bendiciones volaron como los pájaros
Ellos dijeron que debían ofrecer sacrificio
Ellos dijeron a la gente de Igboho
Dijeron que debían hacer ebo
Qué ebo deberían hacer?
Ellos dijeron que debían ofrecer 22.000 cauríes
Ellos dijeron que debían ofrecer telas blancas
Ellos dijeron que debían ofrecer 11 caracoles
Ellos dijeron que debían ofrecer un pollo
Ellos dijeron que debían ofrecer una gallina
Ellos dijeron que debían ofrecer una paloma
Ellos dijeron que debían ofrecer una rata gigante
Ellos dijeron que debían ofrecer una ardilla
Ellos dijeron que debían ofrecer abundante aceite de palma
Ellos colectaron el sacrificio, Ellos ofrecieron el sacrificio;
Ellos apaciguaron las divinidades
Y sus bendiciones empezaron a llegarles;
Las bendiciones volvieron;
La gente de *Igboho*,
Empezó a tener hijos,
Ellos se volvieron prósperos, se volvieron ricos.
Ellos bailaron y se regocijaron
Alabaron a sus adivinos
Y los adivinos alabaron a Òrìṣà

Orisa dice que cuando aparece este *odù* la persona tendrá bendición, que todas las cosas que perdió las volverá a tener si hace el sacrificio indicado.

Ọ̀kànràn Kálengé adivinó para Àjá

Ká-le-ngé
Sisá-lọ-wàhálà
Da fun Àjá
Nigbati Àjá bá Ẹkùn gbé
Ẹkùn kò fẹ́ ṣíṣé 5
Ẹkùn bú nítorí n'ìrorò
Nwọn ni o lọ rubọ
Nwọn ni o ru ẹgba méjìdínlógún
Nwọn ni o ru akukọ fun Èṣù
Nwọn ni o ru epo pupa 10
Nwọn ni o ru gààrì
Nwọn ni o ru 'wọn ìṣó nlá ní oró
Àjá sa k'ẹbọ, o rubọ nu
Awóriṣà ni o gbà-là 'wọn ìṣó nlá
T'Àjá nkan tí a gbodò ní 15
Igba lẹ́hìn nàá Ẹ̀kun fi àgbàrà ṣé Àjá ha'nú rè
Àjá gbà 'wọn ìṣó nlá fún ha'nú t'Ẹkun
Àjá Ká le 'won ìṣó nlá ngé 'nú t'Ẹ̀kùn
Ká le ngé
Sá wàhálà, Ẹkùn sá lọ sígbó 20
Ká-le-ngé
Sisá-lọ-wàhálà
Da fun Àjá
Nigbati ngbé pẹ̀lú Ẹkùn
Àjá sè asè, Àjá nyọ atì njó 25
O nyin àwọn awóriṣà
Awọn awóriṣà nyin'ṣà

Traducción:

*"Levanta-hábil-cortando
Escapa-el-problema"*
Fue la adivinación para el Perro
Cuando estaba viviendo con el Leopardo
El Leopardo no quería trabajar
Se abusaba a causa de su fiereza
Ellos dijeron que debía ofrecer sacrificio
Ellos dijeron que ofreciera 36.000 cauríes
Ellos dijeron que ofreciera gallo para Èṣù
Ellos dijeron que ofreciera aceite de palma
Ellos dijeron que ofreciera "farofa"
Ellos dijeron que ofreciera púas envenenadas
El Perro recolectó las cosas e hizo el ebo
El sacerdote de Òrìṣà dijo que guardara las púas
Que el Perro las precisaría
Tiempo después el Leopardo obligó al Perro que les rascara la barriga
El Perro tomó las púas venenosas para rascarle la barriga
El Perro levantó hábil las púas cortando la barriga del Leopardo
Levantó hábil cortando
Corrió el problema, el Leopardo huyó hacia el monte
*"Levanta hábil cortando
Escapa el problema"*
Fue la adivinación para el Perro
Cuando vivía con el Leopardo
El Perro festejó, bailó y se alegró
Él alabó a los sacerdotes de Òrìṣà
Los sacerdotes de Òrìṣà alabaron a Òrìṣà

    Òrìṣà dice que esta persona puede estar pasando por una situación incómoda de convivencia con alguien en su propia casa o con sus vecinos, deberá hacer el ebo para

Èṣù y usar púas de aromo (árbol del género acacia que tiene grandes espinos).

Òkànràn 'ṣelejú fue quien adivinó para *Kámúkàn*

Àṣẹ le jú
Àṣẹ ni l'ojú
Díá fún Kámúkàn ajagun t'Òyó
Níjó tí nlọ s' ogun
Nwọn ni ki o ru bọ
Nwọn ni o ru ẹgba ọ́kàndínlógún
Nwọn ni o ru òbúkọ, akukọ atì ọkọ́ fun Èṣù
O rubọ nu
Èṣù jẹ òbúko atì akukọ
Èsù bá ọkọ́ ṣé kòtò gùn
Kámúkàn ló sawo dé òde Ṣaki pẹ̀lú àwọn ológun rè
Nigbati 'wọn ọ̀tá lọ bá nwọn
Wó 'nú kòtò, àwọn 'tá kú
Kámúkàn rántí àwon ọ̀rọ̀ t'awórìṣà
"Àṣẹ le jú
Àṣẹ ni l'ojú"
O njó, o nyọ
O nyin àwọn awórìṣà
Awọn awórìṣà nyin'ṣà

Traducción:

*"El poder firme aventaja
El poder es en la foza"*
Fue la adivinación para *Kámúkàn*, el guerrero de *Oyo*
En el día que estaba yendo a la guerra
Ellos dijeron que debía hacer una ofrenda
Ellos dijeron que ofreciera 38.000 cauríes
Ellos dijeron que ofreciera chivo, gallo y una pala a *Èṣù*
Él hizo el ebo
Èṣù se comió el chivo y el gallo
Con la pala *Èṣù* hizo un pozo largo
Kámúkàn llegó al pueblo de *Ṣaki* con sus guerreros
Cuando los enemigos fueron a su encuentro
Cayeron dentro del pozo y murieron
Kámúkàn recordó las palabras del sacerdote de *òrìṣà*
*"El poder firme aventaja,
El poder es en la foza"*
Él bailó y se alegró
Él estuvo alabando a los sacerdotes de *Òrìṣà*
Los sacerdotes de *Òrìṣà* alabaron a *Òrìṣà*

Dice *òrìṣà* que la persona deberá hacer una ofrenda para vencer a sus enemigos. Tiene que tener cuidado cuando salga a la calle, no sea que le estén esperando para golpearle. Cuídese de trampas y engaños.

Ọ̀kànràn hizo la adivinación para Ṣàngó cuando se iba a casar con Oya, quien se haría más peligrosa que Él.

Ọ̀kànràn kan níhìín
Ọ̀kànràn kan lóhùún
Dá fún Sàngó Olúòrújò
Ọmọ Arígboọta-ṣẹ́gun
Nìgbà tí nlọ gb'Oya níyàwó
Wọ́n ní kí Sàngó ó se sùúrù o
Nwọn ni ọbìnrìn tí ó nlọ fẹ́
Ní kàdárà ju òun gaan alára lọ
Sàngó ní òun ò níí rúbo
Ó ní bóo ni kàdárà obìnrìn òun
Ó ṣe ju ti òun lọ
Bí Sàngó bá ti ju ẹdùn sí ibi kan,
Gbogbo aráye a si figbee rè bọnu
Ṣùgbọ́n bí Oya, obìnrìn rè
Bá pa èèyan méjì lójọ́ kan ṣoṣo
Eni kan kò ní gbó
Bí ó wù ú
A fẹ́ lu igàná
A wó pa èèyàn mọ́lẹ̀
Bó wù ú
A wó igi pa èèyan lo beere
Ṣùgbọ́n bi Ṣàngó bá pa ẹyọ eni kan ṣoṣo
Gbogbo aráyé ní ó gbọ̀ọ́
Ó ní bẹ́ẹ̀ gẹ́gẹ́ ni àwon awọ́riṣà òún
Nṣenu rereé pe' Ṣá
Ọ̀kànràn kan níhìín
Ọ̀kànràn kan lóhùún
Ayá rorò jọkọ lo ò
Ayá rorò jọkọ lọ
Oya ló rorò ju Ṣàngó
Ayá rorò jọkọ lọ

Traducción:

"Ọkànràn uno aquí

Ọkànràn uno allá"

Hizo la adivinación para Ṣàngó Olúòrújò
Hijo de El-Que-Usa-Doscientas-Piedras-Venciendo-Al-Enemigo
Cuando él iba a tomar a Oya como esposa
Ellos dijeron que Ṣàngó tuviera precaución
Ellos dijeron que la mujer que el quería
Estaba predestinada a sobrepasarlo cuando usara el rayo
Ṣàngó rehusó hacer el ebo
El tenía curiosidad de como su mujer podría sobrepasarlo
Si Ṣàngó tiraba piedras de rayo en algún lugar
Todas las personas empezaban a gritar su nombre
Pero si Oya, su mujer
Mataba a dos personas en el mismo día
Nadie oía sobre lo ocurrido
Si ella quisiera
Ella soplaría un viento fuerte contra un muro
Y el muro se caería sobre las personas matándolas
Si Ella quisiera derribaría árboles encima de personas y las mataría
Pero, si Ṣàngó mata una sola persona
Todo el mundo se entera del hecho
Él dijo que fue exactamente como sus sacerdotes de òrìṣà
Usaron sus voces para adorar a Òrìṣà
"Ọkànràn uno aquí
Ọkànràn uno allá"
La esposa es más peligrosa que el marido
La esposa supera al marido
Oya es más peligrosa que Ṣàngó
La esposa es más peligrosa que el marido

Òrìṣà dice que esta persona debe hacer sacrificio para que un rival no lo supere. No compita con nadie sin antes hacer la ofrenda que *òrìṣà* diga.

Ọ̀rọ̀kànràn hizo la adivinación para Ògún Abaagà

Ọ̀rọ̀ ni kan kan kan
Sọ̀rọ̀ ìwà rere
Dá fún Ògún 'Baagà
Níjó tí wá-kiri 'binrin
Àwọn awóriṣà ni ki o ru ẹbọ 5
Ki l'on a ru?
Nwọn ni o ru ẹgba méjilà
Nwọn ni o ru akukọ méjì
Nwọn ni o ru epo pupa
Nwọn ni o ru ìgbín méjì 10
Nwọn ni o ru àgbàdò
Nwọn ni o ru obì méjì
Nwọn ni o ru Eku méjì
Nwon ni o ru ẹiyẹlé méjì
Ògún Baagà gbó, o ṣ'ẹbọ 15
Nigbati Ògún lọ ìgbó
Ògún bá Yànsán t' ìgbó wá
Ògún si bèèrè pe níbo ni o wa nlọ bayi?
Yànsán ni tí wá t'ìgbó gb'ẹbọ fun l'ọkọ
O ni'wọ ò l'ọkọ ri? 20
O ni bèékò
Njẹ o le délé àwọn?
Nwọn sa fẹ'ra wọn
Ògún atì Yànsán njọ́, nwọn nyọ
Nwọn nyin 'wọn awóṣà 25
Àwọn awóriṣà nyin'ṣà

Traducción:

"La riqueza es una, una, una
Expresar buen carácter"
Fue la adivinación para Ògún "El que golpea abriendo el cuchillo"
El día que buscaba una esposa
Los sacerdotes de Òrìṣà dijeron que debía ofrecer sacrificio
Qué sacrificio debía ofrecer?
Ellos dijeron que ofreciera 24.000 cauríes
Ellos dijeron que debía ofrecer dos gallos
Ellos dijeron que ofreciera aceite de palma
Ellos dijeron que ofreciera dos caracoles
Ellos dijeron que ofreciera maíz
Ellos dijeron que ofreciera dos nueces de kola
Ellos dijeron que ofreciera dos ratas
Ellos dijeron que ofreciera dos palomas
Ògún Abaagà escuchó e hizo el *ebọ*
Cuando Ògún fue al monte
Ògún se encontró con Yànsán que venía del monte
Ògún le preguntó: " A donde vas?"
Yànsán le dijo que venía del monte de dejar una ofrenda para tener marido
El dijo: No tienes marido?
Ella dijo: No
Bien, entonces puedes venir a mi casa?
Y Ellos se casaron
Ògún e Yànsán estuvieron felices y bailaron
Ellos alabaron a los sacerdotes de Òrìṣà
Los sacerdotes de Òrìṣà alabaron a Òrìṣà

Dice Òrìṣà que para conservar una relación hay que tener buen carácter, si la persona anda buscando pareja, seguramente la encontrará haciendo la ofrenda correspondiente, pero que su carácter debe moldearlo para que las relaciones se mantengan en el tiempo.

Monjú' kànràn adivinó para el Vendedor de Canastas

Mo njù kan
Mo ní jù
Da fún Olùtà Apèrè
Níjó tí o má tà
Nwọn ni t' ìtórí ti má tà apèrè ni 'wọn ẹnia kò mọ̀ ìlò
Nwọn ni ki Olùtà o ru ẹbọ
Nwọn ni ki Olùtà o ru ẹgba mẹ́dógún
Nwọn ni o ru akukọ
Nwọn ni o ru apèrè
Nwọn ni o ru aṣọ ara rè
Nwọn ni o ru obì mọkanlá
Nwọn ni o ru epo pupa
Olùtà sa k'ẹbọ, o rubọ bẹ
Èṣù gb'ẹbọ,
Èṣù paradà ọmọdé dé ni ṣọ́ọ̀bù t'olòtà
Gbogbo ẹnia tí kọjá nípa niwaju sóòbù gb'ẹrù
Èṣù fi lọ̀ apèrè kan nwọn, ẹnia kọ́ ẹkọ́ ìlò rè
Olòtà lu
Olòtà 'dúpè òrìṣà,
O nyin àwọn awóriṣà
Àwon awórisà nyin'ṣà
O njó, o nyọ

Traducción:

"Yo estoy superando a uno
Yo tengo más"
Fue la adivinación para el Vendedor de Canastas
En el día en que no vendía nada
Ellos dijeron que la causa por la cual no vendía canastas era porque las personas no entendían su uso
Ellos dijeron que debía hacer una ofrenda
Ellos dijeron que ofreciera 30.000 cauríes
Ellos dijeron que ofreciera un pollo
Ellos dijeron que ofreciera una canasta
Dijeron que debía ofrecer la ropa que tenía puesta
Dijeron que debía ofrecer once nueces de kola
Que ofreciera aceite de palma
El Vendedor de Canastas juntó las cosas e hizo el *ebo*
Èṣù aceptó la ofrenda
Èṣù llegó a su puesto de ventas disfrazado como un muchacho.
Toda la gente que pasaba ante el puesto cargando paquetes
Èṣù les ofrecía una canasta, la gente aprendía su uso
El Vendedor de Canastas se hizo rico
Él agradeció a Òrìṣà
Él alabó a los sacerdotes de Òrìṣà
Y los sacerdotes de òrìṣà alabaron a Òrìṣà.

Dice Òrìṣà que la persona debe hacer publicidad y exponer sus productos para tener buenas ventas o buenos negocios, que deberá además hacer un ebo para Èṣù.

Òkànràn adivinó para el Pez Bagre

Òkànràn kan níhìín
Òkànràn ni mẹ́ta
Dá fún Eja-Àrọ
Nígbatí ọtá rè kú àwon ọmọ
Wọn ní k'ó rú'bọ
Kí ni òn yió a rú?
Wọn ní kí o rú ẹgbàá mokanlá
Wọn ní kí o r'akukọ
Wọn ní kí o r' ọfà méta
Wọn ní kí o r'bì mọkanlá
Wọn ní kí o r'aṣọ ara rè
Láti ẹ̀hìn wá aṣọ ara rè ni ìpẹ́ eja
Eja 'rọ sá k'ẹbọ
Ó rú'bọ ó tù èrù
Èṣù mú àwon ọfà atì fi s' ọfà kan lori orí Eja'rọ
Atì fi s'ọfà méjì ẹbá rè
Lati ojọ́ Eja'rọ ni ohun ijà
Ọmọ Eja'rọ bi pèl'ohun ijà
Eja'rọ nwá njó
Ní nwá nyọ̀; ní nyìn àwọn awóriṣà
Àwọn awo nyìn Òrìṣà.

Traducción:

"Ọ̀kànràn uno aquí
Ọ̀kànràn tiene tres"
Fue quien adivinó para el Pez Bagre
Cuando sus enemigos mataban sus hijos
Que debería ofrecer?
Ellos dijeron que debería ofrecer 22.000 cauríes
Ellos dijeron que debía ofrecer un gallo
Ellos dijeron que ofreciera tres flechas
Ellos dijeron que ofreciera 11 nueces de kola
Ellos dijeron que ofreciera la ropa que tenía puesta
Antiguamente su ropa eran las escamas
El Pez Bagre juntó las cosas para el sacrificio
Él hizo el sacrificio, Él apaciguó a las divinidades
Èṣù tomó las flechas y puso una encima de la cabeza del Bagre y dos a los lados.
Desde ese día el Bagre tiene armas
Los hijos del Bagre nacen con armas (púas que tienen sobre la cabeza y a sus lados en las aletas)
El Bagre bailaba
Él estaba alegre, él alabó a los sacerdotes de Òrìṣà
Los sacerdotes alabaron a Òrìṣà

Ọ̀kànràn hizo adivinación para Ọbàlúfọ̀n cuando no tenía hijos

Ọ̀kìnrìn kara nìnì ku ẹ̀nì
Da f ' Ọbàlúfọ̀n
Ọmọ a j'atẹ̀ ki'je
Ọmọ 'lè Fọn ni,
On ti ṣe t'on le i bi ọmọ 5
Ti ọmọ on fi pọ, ti o fi si ni iru?
Nwọn ni k'o rubọ
Kil'on a ru?
Nwọn ni o fu ìgbín mọkanlá
Nwọn ni k'o ru ẹgba mọkanlá 10
Nwọn ni o ru agbebọ adiẹ
Nwọn ni o ru ẹiyẹlé
Nwọn ni k'o mu obì mọkanlá
Nwon ni k'ọ ma e bọ oke ipọrí ẹ̀
Ọbàlúfọ̀n, o k'ẹbọ, o rubọ 15
O k'eru, o tu
K'o ṣe bẹ tan,
O bẹrẹ si ọmọ bi
Nwọn ni ọbẹ àtẹ̀ ni k'ọ ma se
Fun oke'pọri ẹ̀ 20
K'o ṣe bẹ́ẹ́ tan nùú
Ọmọ nàá o l'ẹnu ma
Ọmọ ọ l'ẹnu ma
Ọbẹ àtẹ̀ t'on jẹ t'on i bi mọ yi
Nnàá l'on o màá jẹ lọ titi 25
Nibi ti ọbàlúfọ̀n gbe nje àtẹ̀ nùú
Ọbàlúfọ̀n wa nyọ ni njó
Ni nyin awọn awo
Awon awo nyin'ṣa

Traducción:

"La Cigueña blanca afecta poseyendo de repente a uno"
Fue la adivinación para Ọbàlùfọ́n
Hijo de "Aquel que come sin condimentos los siete días"
Hijo de la ciudad de *Ifon*.
Cuando se quejaba porque no tenía hijos.
Qué debería hacer para que sus hijos fueran abundantes?
Qué ofrenda haría?
Ellos le dijeron que debería hacer una ofrenda
Qué debería ofrecer?
Ellos le dijeron que ofreciera 11 caracoles
Ellos dijeron que debía ofrecer 22.000 cauríes
Ellos dijeron que ofreciera una gallina
Que ofreciera una paloma
Ellos dijeron que ofreciera 11 nueces de kola
Que hiciera ofrenda a su *Eledá* (*òrìṣà* de cabeza)
Obalufon juntó las cosas del *ebo* e hizo el *ebo*
El ofreció la ofrenda y calmó a las divinidades
Poco tiempo después
El empezó a tener muchos hijos
Ellos dijeron que debía cocinar ensopado sin condimentos para su Eledá
Cuando terminó de hacer eso,
Él tuvo innumerables hijos
Sus hijos fueron incontables
El ensopado sin sazonar que comió fue lo que hizo que tuviera esos hijos
Es lo que todavía come hasta el día de hoy
Es por eso que Obàlúfòn empezó a comer ensopado sin condimentos.
Obàlúfòn se alegró y bailó
Él estuvo alabando a los adivinos
Y los adivinos alabaron a *Òrìṣà*.

Dice Òrìṣà que la persona tiene problemas de salud, deberá cuidarse y hacer una dieta para que su salud no empeore. Evite los picantes y la sal en demasía.

Òkànràn hizo la adivinación para el Gato y el Ratón.

Okankan le le
Da fun Ológbò
Nígbatì gbé nilé ti bàálè
Nwọn ni ki o ru bọ
Nwọn ni ki o ru ẹgba mọkanlá
Nwọn ni o ru àgbàdò
Nwọn ni o ru akukọ
Nwọn ni o ru otì
Nwọn ni o ru obì mọkanlá
Ológbò kò ṣ'ẹbọ
O ni t' àgbàrà rẹ 'ṣẹgún ọtá
Okankan le le
Da fún Ẹluru
Nígbàtì kò ní ọmọ
Nwọn ni ki Ẹluru ru bọ
Nwọn ni ki Ẹluru ru ẹgba mọkanlá
Nwọn ni o ru àgbàdò
Nwọn ni o ru akukọ
Nwọn ni o ru otì
Nwọn ni o ru obì mọkanlá
Ẹluru sa k'ẹbọ, o ru ẹbọ nu
Láìpé Ẹluru bẹrẹ si ọmọ bi
O wa nyọ ni njó
O ni nyin awọn awo
Awọn awọrisà nyin'ṣa
Awọn ọmọ Ẹluru kún ilé
Ológbò kò sílẹ ilé
O l' ẹrù t'ìyà ti olórí rè
Nítorí awọn ọmọ Ológbò gbé l'ọnà
Lẹẹkọọkan Èṣù l'ọnà jẹ ológbò kan
Nítorípé Ológbò kò ṣ'ẹbọ

Traducción:

"El opuesto puede ser duro "
Fue la adivinación para el Gato
Cuando vivía en la casa del Jefe del pueblo
Ellos dijeron que debía hacer una ofrenda
Dijeron que ofreciera 22.000 cauríes
Maíz tostado, bebida alcohólica destilada, un gallo,
Once nueces de kola
El Gato no hizo la ofrenda
El dijo que su fuerza vencería al enemigo
"El opuesto puede ser duro"
Fue la adivinación para el Ratón
Cuando no tenía hijos
Ellos dijeron que el Ratón debía hacer una ofrenda
La misma que aconsejaron al Gato
El Ratón junto los materiales e hizo el ebó
El Ratón apaciguó a las divinidades
Luego, el Ratón empezó a tener hijos
El estuvo feliz y bailando
Él alabó a los sacerdotes de *òrìṣà*
Los *awọ́rìṣà* alabaron a *òrìṣà*
Los hijos del Ratón llenaron la casa
El Gato abandonó la casa
Él tenía miedo del castigo de su amo
A causa de eso los hijos del Gato viven en la calle
De vez en cuando *Èṣù* en la calle se come algún gato
Porque el Gato no hizo ebo

Dice *òrìṣà* que no hay que subestimar a los demás, tampoco hay que confiar solamente en las habilidades de uno, es haciendo ofrendas que se obtiene el apoyo de las divinidades.

Olókànràn adivinó para *Sàngó* cuando iba a luchar contra *Olówu*.

Olókàn kàn
E kàrá b'àrírá
Olókàn kàn kàrá
E pa kankan kánkán
E Ká mú 'kàn eni kankan
Dá fún Sàngó Kámúkàn omo Òrànmíyàn
Nígba tí nlo jà lòdì-sí Olówu ti Owu
Nwon ni ki o ru bo
Nwon ni ki o ru egba mokanlá
Nwon ni o ru ètù ìbòn
Nwon ni o ru àgbò
Nwon ni o ru akuko
Nwon ni o ru 'nná
Sàngó sa k'ebo, o ru ebo
Èsù mú ètù ìbòn, ìná fi-sí ninu enu ti Sàngó
Sàngó tutó ìná enu re
Awon ajagun ti Olowu m' èrù, nwon sá lo
Sàngó wa nyo, wa njó
Olókàn kàn
E kàrá b'àrírá
Olókàn kàn kàrá
E pa kankan kánkán
E Ká mú 'kàn eni kankan
Sàngó jókòó ni Aganju
Èniyàn ti Eyeo wa nyo, wa njó
Nwon korin
Wólè wólè wólè kábíyèsílè àdé!
Nwon nyin Alááfin Sàngó
Olókàn kàn
E kàrá b'àrírá
Olókàn kàn kàrá
E pa kankan kánkán
E Ká mú 'kàn eni kankan

Nwọn Nyin Aláàfìn Ṣàngó
Ṣàngó ni nyin awọ́rìṣà
Awọn awo nyin 'ṣà

Traducción:

Una persona brava que topa con su cabeza
Usted hace ruido como el rayo
Una persona brava que topa con su cabeza ruidosamente
Usted mata a cualquiera rápidamente
Usted arranca y atrapa el alma de cualquiera
Fue la adivinación para *Ṣàngó Kámúkàn* ("El que Arranca y atrapa el Alma") el hijo de *Òrànmíyàn*
Cuando iba a luchar contra *Olowu*, Rey de *Owu*
Ellos dijeron que debería hacer una ofrenda
Ellos dijeron que ofreciera 22.000 cauríes
Ellos dijeron que debía ofrecer pólvora, un carnero, un gallo y fuego.
Ṣàngó junto los materiales e hizo la ofrenda
Èṣù tomó la pólvora y el fuego los puso en la boca de *Ṣàngó*.
Ṣàngó escupía fuego por la boca
Los guerreros de *Olowu* sintieron miedo y huyeron
Ṣàngó bailó y festejó
"Una persona brava que topa con su cabeza
Usted hace ruido como el rayo
Una persona brava que topa con su cabeza ruidosamente
Usted mata a cualquiera rápidamente
Usted arranca y atrapa el alma de cualquiera"
Ṣàngó se sentó en la habitación del Trono Real
La gente de *Eyeo* (*Oyo* antiguo) festejó y bailó
Ellos cantaban:
"Bajamos el rostro, reverenciamos a Su Alteza y la Corona"
  Estuvieron alabando al Rey *Ṣàngó*
"Una persona brava que topa con su cabeza
Usted hace ruido como el rayo
Una persona brava que topa con su cabeza ruidosamente
Usted mata a cualquiera rápidamente
Usted arranca y atrapa el alma de cualquiera"
Ṣàngó alabó a los adivinos

Los adivinos alabaron a *Òrìṣà*.

Dice *òrìṣà* que la persona que le aparece este *odù* debe hacer una ofrenda para vencer a sus enemigos, que ellos se acobardarán y el problema será resuelto a su favor.

Ọ̀kànràndì hizo la adivinación para *Bilọnà* el adorador de Èṣù

Ṣé òkannáà ṣẹ ìbí bi rere?
Bí àwá k' èrè
Ṣe òkannáà?
Bí ẹnikan pa ọmọ rẹ
Bí o pa ọmọ omiran
Ṣe òkannáà?
Àwá ṣe ohun rere fun k'èrè
A má kò sílẹ̀ Èṣù láìsí dúró ìyà
Dá fún Bilọnà eléṣù
Níjó tí gbàgbé Èṣù
Nwọn ni o ní dínà
Nwọn ni ki o ru ẹbọ fun Èṣù Lode
Ki l'on a ru?
Nwọn ni ki o ru ẹgba mọkanlá
Nwọn ni o ru akukọ
Nwọn ni o ru epo pupa
Nwọn ni o ru àgbàdò
Nwọn ni o ru àgbón kan
Bilọnà sa k'ẹbọ, o rubọ nu
Léhìn o bẹ̀rẹ̀ láti ṣe ọ̀wọ́
O wa nyọ, o wa njó
o ni nyin'Ṣù
O ni nyin awọn awo atì Òòṣà

Traducción:

Es lo mismo hacer el mal como el bien?
Si recogemos la recompensa
Es lo mismo?
Si alguien mata a tu hijo
O si mata al hijo de otro

Es lo mismo?
Hacemos las cosas bien para recoger el premio
No abandonamos la atención a Èṣù sin esperar castigo
Fue la adivinación para Bilọnà, iniciado en el culto a Èṣù
En el día que olvidó a Èṣù
Ellos dijeron que tenía el camino trancado
Ellos dijeron que debía hacer una ofrenda para Èṣù Lode
Qué debería ofrendar?
Dijeron que ofreciera 22.000 cauríes
Que ofreciera un gallo, aceite de palma, maíz, 1 coco.
Bilọnà juntó las cosas e hizo el ebo
Después empezó a hacer dinero
Él estaba contento, él bailó y alabó a Èṣù
Alabó a los adivinos y a Òrìṣà.

Dice òrìṣà que nunca hay que olvidarse de atender a Èṣù, ni a ninguna otra divinidad, seguramente el castigo vendrá al no asumir las responsabilidades que se tienen hacia el culto. La única forma de remediar las cosas es congraciarse de nuevo con la divinidad haciendo ofrendas.

EJÌOKO

Ejioko hizo la adivinación para *Olode* y *Abaagà*

Ejo atì Oko
Ejo kan nrà
Oko kan ngbé didé
Da fun Olode atì Abaagà ọmọ méjì Yemu
Wọn nti kọle ọrun bọ̀ wá ikọle àiyé
Nwọn ni ki wọn ko ru ẹbọ
Wọn ko ru egba méjilá
Ki wọn ko ru akukọ adiẹ méjì
Ki wọn ko ru obì èjìlá
Nwọn ni ki wọn ko ru epo
Ki wọn sa ko ẹbọ ki wọn ko tu nu u
Wọn ni wọn yio màá sin wọn ni
Wọn ko si ni lè kú
Ni wọn ba ko ẹbọ ni, won ba rubọ
Wọn délé àiyé bèé nèé nu u
Nigbati yio ṣé, Olode atì Abaagà wọlẹ ni
Ni wọn ko le kú
Ni wọn ba di sinsin
Ẹnia kọlé 'rubo l'ode fun wọn

Òòṣà pè ire eléni

Traducción:

*"La Serpiente y el Pene
Una que se arrastra es la serpiente
Uno que se pone de pie es el pene"*
Fue la adivinación para *Olode* (El dueño del Exterior) y *Abaagà* (El que golpea abriendo el cuchillo) los dos hijos de *Yemu* (Madre Vino de Palma)
Cuando ellos estaban viniendo desde el Cielo a la Tierra
Ellos dijeron que debían ofrecer sacrificio
Ellos debían ofrecer 24.000 cauríes
Que ellos ofrecieran dos pollos
Que ellos ofrecieran 12 nueces de kola
Ellos dijeron que ellos debían ofrecer aceite de palma
Que ellos deberían ofrecer el ebo, para apaciguar las divinidades
Ellos dijeron que Ellos serían adorados
Ellos dijeron que Ellos serían inmortales
Ellos juntaron las cosas para el sacrificio y lo hicieron
Y Ellos vinieron a la Tierra
Después, *Olode* y *Abaagà* ingresaron a la Tierra
Y se hicieron inmortales
Ellos se volvieron objeto de adoración
La gente construye un altar para ellos afuera

Òrìṣà predice bendiciones para esta persona (el cliente para el cual apareció este *odu*), pero para que las bendiciones lleguen más rápido y no se desvíen es conveniente hacer una ofrenda. Seguramente lo que está esperando resolver será resuelto.

Ejioko enseña porque *Ọdẹ* tiene hijos y *Ọtìn* no.

Ejì l'oko òkan b'ejì
Dá fún Ọdẹ atì Ọtìn
ọmọ 'bejì ti Yemọja 'Bosí obìnrìn t'Ògún
Níjó tí nwọn nṣokún aláìríbí
Nwọn nṣokún nítorípé ainí abọ̀
Awọn awọ́riṣà ni ki nwọn ọ ru ẹbọ
Kil'awọn a ru?
Nwọn ni nwọn o ru ẹgba méjìla
Nwọn ni ki nwọn o si ru fun oke'pọri è ẹlẹ̀dẹ̀ méjì
Nwọn ni nwọn o ru ẹtù méjì
Nwọn ni nwọn o ru òpòlòpò ẹwà dúdú atì àgbàdò
Nwọn ni nwọn o ru eiyelé méjì
Nwọn ni nwọn o ru epo pupa
Nwọn ni nwọn o ru eku méjì
Ọdẹ atì Ọtìn sa k'ebo,
Ṣùgbọ́n Ọtìn kò wá eku ri
Kanṣoṣo Ọde wá eku ri
Nwọn ni, àwa pín eku kan
Nwọn k'ẹbọ, nwọn rubọ
Eledá t'Ọdẹ jẹ eku èkíní,
Èjẹ t'eku má bá Ọtìn
Nítorínáà Ọdẹ ni ọlọmọ
Toríirẹ Ọtìn nyin jákèjádò Ọde
Ọdẹ pín awọn ọmọ pẹ̀lú arábirìn
Ṣùgbọ́n Ọtìn kò ní ọmọ
Ọmọ Ọdẹ láti júbà méjéjì
Ọtìn bópẹ́bóyá wa nyọ
Méjéjì wa njó atì nkọrin
Nwọn wa nyin awọn awọ
Awọn awo nyin'ṣà

Traducción:

"Dos en el campo
Uno como dos"
Fue la adivinación para *Ode* y *Otin*, los hijos gemelos de *Yemọja 'Bosí* ("Protectora de lo que Existe")
Mujer de *Ògún*
El día que lloraban por no poder tener hijos
Ellos estaban llorando porque no tenían seguidores.
Los *awos* de *òrìṣà* dijeron que ellos debían ofrecer un *ebo*
Qué *ebọ* deberían ofrecer?
Ellos dijeron que deberían ofrecer 24.000 cauríes
Deberían hacer una ofrenda a su *Òrìṣà* de Cabeza (*Eledá*) con dos cerdos, dos guinéas, bastantes frijoles negros, maíz, dos ratas, aceite de palma y dos palomas.
Ellos juntaron las cosas del *ebo*, pero *Otin* no encontró rata, sólo *Ọde* encontró rata.
Ellos dijeron: "Compartiremos la rata" y ellos hicieron el *ebo*.
El *Ori* de *Ọde* comió primero la rata, la sangre de la rata no alcanzó para *Ọtìn*.
Por eso *Ọde* es dueño de hijos,
Mientras que *Ọtìn* está siendo alabada a través de *Ọde*.
Ọde comparte sus hijos con su hermana, pero ella no tiene hijos.
Los hijos de *Ọde* rinden culto a ambos.
Ọtìn, eventualmente estuvo feliz, ambos bailaron y cantaron.
Ellos estuvieron alabando a los adivinos
Los adivinos alabaron a *Òrìṣà*.

Este *Odù* enseña que la divinidad *Ọtìn* se recibe pero no es *òrìṣà* de cabeza. *Ọtìn* siempre debe acompañar a *Ọde* y cualquier hijo del *òrìṣà* *Ọde* debe recibir a *Ọtìn*.

Ejioko hizo la adivinación para *Àtapa* el líder de los cazadores cuando los males venían al mundo.

Ọkọ̀ tí ní ibárajẹ́jẹ́ ri l'òkun
Òkò tí fẹ́ d'ọkọ́ kùnà
Ibárajẹ́jẹ́ kò rànlọ́wọ Ọdẹ
Dá fún Àtapa Olorí-Ọdẹ
Nígbatí Yíyarọ, Àìperí, Arọn-ni atì Aṣiwèrè
Àwọn ọmọ Àrùn nwá ọ̀run àiyé
Atì ọmọ t'ọmọ Àrùn wá náà
Gbogbo dé ninú Oyigíyigì
Àwon awo gba Àtapa lámọ̀ràn
Nwọn ni ki o kò ní 'bárajẹ́jẹ́
Fun ṣọdẹ rere nwọn ni ki o rubọ
Nwọn ni ki o ru ẹgba méjìlá
Nwọn ni o ru akukọ adiẹ méjì
Nwọn ni o ru ọfà méjì
Nwọn ni o ru àdá méjì
Nwọn ni o ru àgbàdò
Nwọn ni o ru gúgúrú
Nwọn ni o ru ìyán méjì
O k'ẹbọ, o rubọ
Nígbànáà bẹ̀rẹ̀ ṣọdẹ ọ̀pọ̀
Ojọ́ kan bá Oyigíyigì
Oyigíyigì ni kò kú mi
Emi ní igbóra, leè fun ọ̀pọ̀ ohun rere
Kini fẹ́ o?
Àtapa ni, mo fẹ́ ọ̀wọ́ púpọ̀
Nígbà dé ilé ẹ wá ọ̀wọ́ púpọ̀ rí
Nígbànáà bọ ìgbó béèrè fun àwọn iyawọ
Oyigíyigì fun o
Súgbòn Àtapa d'aláápọn pùpọ̀
O fẹ́ ìgbà yì ọbàlúàiyé
Oyigíyigì ni kò lèe ẹbùn èyí
O ni, nikanṣoṣo enìyàn tí pa mi ni yio ọbàlúàiyé
Àtapa ta'fà lòdì sí Oyigíyigì
Nígbànáà gbogbo ọmọ Àrùn bọ́síta t'inú

Àtapa kú n'iṣéjú
Yíyarọ, Àìperí, Arọn-ni atì Aṣiwèrè fẹ̀ l'àiyé
Àtapa d'iṣẹdá àwọn ibi yèn
Àtapa d'Ọbàlúayé
Ibi tako ará abúlé
Nwọn lọ lọ́wọ́ dáfá
Àwon Awọ́risà ni ki nwọn ko ru ẹbọ
Kil'awọn a ru?
Nwọn ni nwọn o ru ẹgba méjìlá
Nwọn ni ki nwọn o si ru aṣọ rè
Nwon ni ki nwọn kó ṣẹ́kù jọ Àtapa n'ìgbó
Kíni wọ ṣẹ́kú ninún ìkòkò nlá
Nwọn ni ki jó gbogbo
Nwọn ni ki nwọn ṣé pẹpẹ nìgbó
Nwọn ni ki nwọn yio 'yìn Ọbàlúàiyé
Ará abúlé ru ẹbọ
Wàràwéré Àrùn atì ọmọ rè dákẹ́
Gbogbo Ènìyàn wa njó
Nwọn nyin àwon awọ́riṣà
Nwọn nyin Ọbàlúayé

Traducción:

"La canoa que tiene ambición naufraga en el mar
La lanza que quiere ser azada fracasa
La ambición no ayuda al cazador"
Fue la adivinación para *Atapa* el líder de los cazadores
Cuando *Deformidad, Convulsión, Infección y Locura*
Todos hijos de *Enfermedad*, estaban viniendo al Mundo
Y los hijos de los hijos de *Enfermedad* también vinieron
Y todos llegaron dentro de un gran *Mamut*
Los adivinos aconsejaron a *Atapa*
Ellos dijeron que no tuviera ambición
Para una buena cacería dijeron que él debía ofrendar
Ellos dijeron que ofreciera 24.000 cauríes

Que debía ofrecer dos gallos, dos flechas, dos machetes, maíz, rosetas de maíz, dos ñames.
El junto las cosas e hizo el la ofrenda.
Luego empezó a cazar abundantemente
Un día encontró al *Mamut*
El *Mamut* le dijo:
No me mates, tengo poderes y puedo darte muchas cosas buenas!
Qué quieres?
Atapa dijo, quiero mucho dinero
Cuando llegó a su casa encontró mucho dinero
Entonces volvió al bosque a pedir esposas
El *Mamut* se las dió
Pero se hizo más ambicioso
Él ahora quería ser el *Rey de la Tierra*
El *Mamut* le dijo que no podía darle ese don
Dijo que solo aquel que lo matara sería *Rey de la Tierra*
Atapa disparó su flecha contra el *Mamut*
Entonces todos los hijos de *Enfermedad* salieron de su interior
Àtapa murió al instante
Deformidad, Convulsión, Infección y Locura se desparramaron por el Mundo.
Àtapa se convirtió en la fuente de esos males
Àtapa se convirtió en *Rey de la Tierra (Ọbàlúàiyé)*
El pueblo empezó a ser atacado por el mal
Ellos fueron por adivinación
Los adivinos de *Òrìṣà* dijeron que ellos debían hacer una ofrenda
Qué ofrenda debían ofrecer?
Ellos dijeron que ellos debían ofrecer 24.000 cauríes
Dijeron que ofrecieran la ropa que tenían puesta
Que juntaran los restos de *Àtapa* en el bosque
Que pusieran todo en una gran olla de barro
Ellos dijeron que quemaran todo
Dijeron que hicieran un altar en el bosque
Que rindieran culto a *Ọbàlúàiyé*
La gente de la villa hizo la ofrenda
Enseguida *Enfermedad* y sus hijos se *calmaron*
Todas las personas bailaron,

Ellos alabaron a los adivinos de *Òrìṣà*
Ellos alabaron a *Ọbàlúàiyé*

Este *odù* explica las causas y como fue que se instaló el culto de *Ọbàlúàiyé* (un camino de *Ṣànpónnà*) en la tierra.

Ejioko adivinó para *Aganna* cuando se haría jefe de la ciudad de *Ókò*.

Òòre'l gbé
Ika'l dànù
A ṣ'òòre jìíndọ
Ni mu nwọn pada nu òòre
E t'a ṣe f'adiẹ'o gbé
B'ọ pẹ titi a ṣ omitoro si nwọn l'ẹnu
Da fun Aganna ti nlọ j'Olókò
Aganna nìí alejo ni l'Ókò
Ki Aganna o de Ókò
Ọ lọ da'ko l'oju ọna
B'obinrin nlọ a fun ni nkan
Bi yangan ni bi 'ṣu ni
B'ọkunrin nlọ bẹẹ ni
Titi titi titi, Aganna sa nṣe bẹẹ
Iwọn t'ọ ba ri ni ta
I màá fi t'ọrẹ ni
B'ẹnikan nṣ'aroye owo
Aganna a fun
Agbalagba ni nwọn si ji j'oye
Nigba Olókò o ku
Tal'o tun wa ku o?
Nwọn l'Aganna nkọ?
A! Awọn obìín l'Aganna ni ti' ẹ si da k'ọ jọba
Ni nwọn ba f'Aganna j'Olókò
L'Aganna sa la, o lu
Aganna d'ẹni apesin
Aganna wa njo, ni nyo
Ni nyin awọn awo
Awọn awo nyin 'Ṣa
Pe bẹ ni awọn awo t'awọn s'ẹnu re wi
Òòre'l gbé
Ika'l dànù

A ṣ'òòre jìíndọ
Ni mu nwọn pada nu òòre
E t'a ṣe f'adiẹ'o gbé
B'ọ pẹ titi a ṣ omitoro si nwọn l'ẹnu
Da f'Aganna
Ti nlọ j'Olókò
Kil'ọ wa ṣ'Aganna d'Olókò t'o ilowo?
Orire, nlọ ṣ' Aganna d'Olókò
Kil'ọ ṣ'Aganna d'Olókò t'o' i' bimọ?
Orire, nlọ ṣ' Aganna d'Olókò
Kil'ọ ṣ'Aganna d'Olókò t'o' i' j'ọba?
Orire, nlọ ṣ' Aganna d'Olókò
Kil'ọ ṣ'Aganna d'Olókò ti o jẹ o ku?
Orire, nlọ ṣ' Aganna d'Olókò

Traducción:

"La benevolencia tiene recompensa
La maldad se paga
Hacer bondad con mala intención
Hace que la bondad no sea recompensada
Lo que hacemos por una gallina tiene recompensa
Al poco tiempo cuando hacemos un caldo con ella para que ellos coman"

Fue la adivinación para Aganna cuando iba a ser rey de Oko
Aganna era un extranjero en la ciudad de Oko
Cuando llegó a la ciudad de Oko
Hizo una granja al lado de la carretera
Si una mujer pasaba, le daba alguna cosa
Como maíz o ñames
Si un hombre pasaba también hacía lo mismo
Una y otra vez, Aganna hacía eso

Todo lo que ganaba
El lo regalaba a los demás
Si alguien estaba precisando dinero
Aganna se lo daba
Sólo las personas de edad recibían títulos
Desde el comienzo de la existencia
Cuando el jefe de Oko murió
Ellos dijeron, "Quién será su sucesor?"
Ellos dijeron, "Qué tal Aganna?"
"Ah!" dijeron las mujeres, "Aganna es el único que podría ser hecho Rey"
Y Ellos hicieron de Aganna el jefe de Oko
Aganna se volvió una persona que tenía a otros para que le sirvieran
Aganna bailaba, él estaba contento
Él estaba alabando a los adivinos
Y los adivinos alabaron a Òrìṣà
Él dijo que los adivinos habían dicho la verdad:

"*La benevolencia tiene recompensa*
La maldad se paga
Hacer bondad con mala intención
Hace que la bondad no sea recompensada
Lo que hacemos por una gallina tiene recompensa
Al poco tiempo cuando hacemos un caldo con ella para que ellos coman"

Fue la adivinación para Aganna
Cuando iba a transformarse en Jefe de Oko
"Qué hizo que Aganna se transformara en jefe de Oko y tuviera dinero?"
"La bondad es lo que hizo que Aganna se volviera jefe de Oko"
"Qué hizo que Aganna se transformara en jefe de Oko y tuviera hijos?"
"La bondad es lo que hizo que Aganna se volviera jefe de Oko"
"Que hizo que Aganna se transformara en jefe de Oko y se volviera Rey?"

"La bondad es lo que hizo que Aganna se volviera jefe de Oko"
"Qué hizo que Aganna se transformara en jefe de Oko y no se muriera?"
"La bondad es lo que hizo que Aganna se volviera jefe de Oko".

Òrìṣà dice que es a través de la generosidad y la bondad que uno se gana luego las recompensas. La gente siempre nos tendrá presentes si le ofrecemos bondad. Un seguidor de *òrìṣà* debe cultivar la bondad y la generosidad para con los demás.

Ejioko adivinó para *Abijo*

Ọ jẹ n'Kikò, o mu n'Kikò;
O d'ọja Kòkó;
Ọ f'ẹhin t'akòkó pẹ̀rẹ̀pẹ̀rẹ̀
Da f'Abijọ, Òkò 'Rèsé
Ti ọ f'adun kẹhin 'ya
Òòṣà w'pe Abijọ ni yi
Òòṣà w'pe nibi t'a gbe da
Òòṣà w'pe eleni ọ ma kọ iya sẹ o
Òòṣà w'pe iya kan yio ri
Òòṣà w'pe adun wa nbẹ lẹhin rẹ̀
Adun nàá, titi ni o ma j'adun na l'ọ̀jọ̀ aiye rẹ̀ sẹ o
K'o ru ẹbọ
Kil'on o ru?
Nwọn ni ọ ru ẹgba mejila
Nwọn ni ọ r'akukọ adiẹ
K'o ru ẹiyẹlé
Òkò, nwọn ni k'ọ wa lọ bọ oke'pọri ẹ̀ ni'jẹ
Nwọn ni k'ọ bọ ni'mu
K'eleni ọ lọ bọ'ri rẹ̀
K'ọ wa'koko, k'ọ lọ'i bọ'ri ẹ̀
Nigbati o ṣe bẹ́ẹ́ tan
O sa bẹrẹ s'ọmọ bi
Aiye ẹ̀ dàá nùú
Iya kan'o si l'ara ẹ̀ ma
O wa njó, ni nyọ;
Ni nyin awọn awo
Awọn awo nyin 'Ṣà

Traducción:

"*Estuvo comiendo en Kiko*
Estuvo bebiendo en Kiko
Llegó al mercado de Koko
Apoyó su espalda contra un árbol de akoko"
Fué la adivinación para *Abijo, Oko 'Rese*
Cuando ella estaba dando dulzura a quienes sufrían
Òrìṣà dice que esto es *Abijo*
Òrìṣà dice que cuando aparece este *odù*
la persona no tendrá sufrimiento,
Òrìṣà dice que verá el sufrimiento pero no lo tendrá
Òrìṣà dice que la dulzura está detrás
La dulzura continuará hasta el final de su vida
Deberá ofrecer sacrificio
Qué sacrificio debe ofrecer?
Ellos dijeron que debía ofrecer 24.000 cauríes
Ellos dijeron que debía ofrecer un gallo
Debía ofrecer una paloma
Oko, dijo que debía ir y hacer sacrificio a su *òrìṣà* de cabeza
Ellos dijeron que debía ofrecer bebidas
Debía ofrecer alimento a su *Ori*
Cuando *Abijo* terminó de hacer todos los sacrificios
Ella empezó a tener hijos
Su vida fue buena
Y nunca más tuvo sufrimiento
Ella estaba bailando, ella estaba feliz,
Ella alabó a los adivinos
Los adivinos alabaron a *Òrìṣà*.

Dice *òrìṣà* que dar consuelo y atención a los demás también es parte del comportamiento que debe tener un seguidor de *òrìṣà*, que no es solo hacer ofrendas, también se debe observar ciertos comportamientos para que las divinidades nos apoyen.

Ejioko'kanran hizo la adivinación para *Oloko*

*Eji Òkò,
Òkò t'ìgí
Òkò t'àlùrọ
Eji Òkò sunwòn
Sùgbón òkò t'àlùrọ kò simi
Dáfún Oloko
Níjó ti lọ jà nípasé ilẹ̀ ẹ̀
Nwọn ni o rubọ
Fun isẹgun ọtá
Nwọn ni o ru akukọ fun Èsù atì Ògún
Nwọn ni o ru ẹgba mejila
Nwọn ni o ru idè apá
Nwọn ni o ru òkò t'àlùrọ
Nwọn ni o ru àgbàdò
Nwọn ni o ru gààrì
O k'ẹbọ, o rubọ
Wàrawàra borí ọtá rè
Oloko wa njó, ni nyọ;
Ni nyin awọn awo
Awọn awo nyin 'Sà*

Traducción:

"Dos lanzas,
Una de madera, una de metal
Las dos son buenas
Mas la de metal no se quiebra"
Fue la adivinación para *Oloko*
En el día que iba a luchar por su tierra
Ellos dijeron que debía hacer ebo

Si quería vencer a sus enemigos
Dijeron que debía ofrecer dos gallos
Uno para Èṣù y uno para Ògún
Que debía ofrecer 24.000 cauríes
Dijeron que ofreciera un trozo de cadena
Dijeron que debía ofrecer una lanza de metal
Que ofreciera maíz y ñame pilado
Él hizo la ofrenda para calmar a las divinidades
En poco tiempo sus enemigos fueron vencidos
Oloko cantó y bailó de alegría
Alabó a los *awọ́rìṣà*
Los *awọ́rìṣà* alabaron a *Òrìṣà*

Cuando aparece este *odù* en adivinación y surge que el problema son los enemigos, se escoge este *itan* y se le recomienda a la persona que haga el ebo que hizo *Oloko*.

Dice *òrìṣà* que la persona a la cual le surgió este *odù* posiblemente pueda tener problemas en el lugar donde vive, tal vez quieran echarle de donde vive, será conveniente entonces hacer una ofrenda a la tierra.

Ejioko'bara hizo adivinación para la Ardilla

Ẹnu Ofóró ni p'Ofóró
Ẹnu Òfòrò ni p'Òfòrò
Dá fún Ọkẹrẹ
Ti o bi 'mọ mẹ́fa
S'eti ọna
Nwọn ni ki ó má sọrọ
Nwon ni ọ ru 'bọ fun Èṣù
Nwọn ni ó r'egbàá méjilà, Akùko méjì, àgbàdò, ọtì sẹ̀kẹ̀tẹ̀,
Ọkẹrẹ má ṣ'ẹbọ
Nigba ọ ba si ṣe, ti ọkọ rẹ̀ ba lọ
Nigba abo rẹ̀ o ba yọ bẹ
Mo bi'mọ mẹ́fa, sọrọ, sọrọ, sọrọ
Nigbatí awọn àgbẹ̀ o si w'oke l'otọ
Nwọn ri Ọkẹrẹ
Nigba nwọn'i yi dé 'bẹ̀
Ọmọ ni nwọn bá
Kil'eyi wẹwẹ?
A ṣe nwọn nbi'mọ ni?
Nwọn ba f'ọmọ Ọkẹrẹ j'iyan
Nibi ti Òòṣà pẹ̀ k'eleni ọ f'ẹnu mo'nu nùú
K'ọ má wa ro'ra e de'bi ti araiye o ri
Èṣù ni nwa njó, Èṣù l'ọ nyọ

Traducción:

*"La boca del hablador mata al hablador,
La boca del chismoso mata al chismoso"*
Fue la adivinación para la Ardilla
Que había parido seis hijos
Al borde del camino
Ellos le dijeron que debía mantener su boca cerrada
Ellos dijeron que hiciera una ofrenda para *Èṣù*

Ellos dijeron que ofreciera 24.000 cauríes, dos pollos, maíz torrado, cerveza de maíz
Ardilla no hizo la ofrenda
Cada vez que su marido se iba,
Ella se vanagloriaba y contenta decía
"Yo tengo seis hijos....", hablaba, hablaba y hablaba
Cuando los granjeros miraron hacia arriba,
Ellos vieron a la Ardilla
Cuando ellos fueron allí
Ellos encontraron a sus hijos...
Qué eran esas pequeñas criaturas?
Eran los hijos de la Ardilla?
Ellos se comieron a los hijos de la Ardilla
Este es el motivo por el cual Òrìṣà dice que la persona debe mantener su boca cerrada
Para que así ella no sea dañada donde la gente la vea
Èṣù estaba feliz, Èṣù bailaba

Dice òrìṣà que no es bueno vanagloriarse de lo que se tiene, porque se aviva la llama de la envidia en otras personas, las cuales tratarán de destruir lo bueno que se tiene.
No hablar de planes futuros ni comentar sucesos para que no se tranquen, tener mucho cuidado con quien se habla para evitar ser traicionado.

Ejòkònílé adivinó para *Ode* cuando sería víctima de la Serpiente.

Ejò kò ní 'lé
Jókòó ẹbá t'ọnà
Èṣù kò ní 'lé
Jókòó ẹbá t'ọnà
Díá fun Ọdẹ
Nígbatí nlọ ìgbó
Nwọn ni ki o ru ẹbọ fun Èṣù
Ki l'on a ru?
Nwọn ni o r' ẹgbàá mejila
Nwọn ni o ru akukọ
Nwọn ni o ru ẹkú
Nwọn ni o ru àgbàdò súnsun òpọ̀
Nwọn ni o ru epo
Nwọn ni o ru ọtí
Ọdẹ kò s'ẹbọ
O ni ki ọfà ààbò rè
Ọdẹ lọ ìgbó
L'ọnà r'ejò,
O tá'fà npa 'jò
O padà wá 'lé ẹran àpajẹ
Èṣù mọ kíni Ọdẹ kò s'ẹbọ
Èsù ṣe 'jò padà wà laàyé
Nígbatí Ọdẹ délé, Ejò bá Ọdẹ lójiji,
Ejò pa Ọdẹ

Nígbatí yọ 'dù 'yí
Òòṣà ni ìkìlọ̀

Traducción:

"*La Serpiente no tiene casa,
Se sienta a la orilla del camino
Èṣù no tiene casa,
Se sienta al costado del camino*"
Fueron los sacerdotes que consultaron Òrìṣà
Para el Cazador cuando iba al bosque
Ellos dijeron que debía hacer una ofrenda para Èṣù
Qué debía ofrendar?
Ellos dijeron que ofreciera 24.000 cauríes
Dijeron que ofreciera un gallo
Dijeron que ofreciera una rata
Dijeron que ofreciera bastante maíz torrado
Dijeron que ofreciera aceite de palma y aguardiente
El Cazador no hizo la ofrenda
Dijo que con sus flechas estaba protegido
El Cazador se fue al bosque
En el camino vió una serpiente y disparó su flecha matándola.
Regresó a su casa con la presa.
Èṣù, sabiendo que el Cazador no había hecho su ofrenda,
Le regresó la vida a la Serpiente
Cuando el Cazador llegó a su casa y fue a sacar la serpiente de la bolsa ésta lo sorprendió matándolo al instante.

Cuando aparece este *odù*, dice Òrìṣà que hay peligro.

La persona puede ser sorprendida y atacada corriendo riesgo su vida. Se hace el *ebọ* aconsejado por Òrìṣà y se debe alimentar el *Ori* del consultante con los materiales que diga Òrìṣà.

Ejioko hizo la adivinación para el hombre Ciego cuando quería tener puntería.

Ìjàánrìgì nl'awo Ìjàánrìgì
Ìjàánrìgì awo Afoju
Nlọ da fun Afoju
O l'on ọ t'Agbe
On o tã l'oju aro
Awo Afoju lo da fun Afoju
Afoju l'on ta Àlùkò l'ojú osun
O l'on ọ ta Odidẹrẹ l'ojú eko
Ha! Afoju, kil'on on ṣe?
Nwọn ni o rubọ
Kil'on a ru?
Nwọn ni o ru egbàá mejilà
K'o ru ẹiyẹlé
K'o ru akukọ adìẹ
Afojú k'ebọ, ó ru bọ
O ru ọṣán, o ru ọrun, o ru ọfà
Nígbatí Afojú, ẹni o rubọ, Èṣù ti fẹ́ràn rẹ̀
Nwọn ni ki Agbe o duro
Nwọn ni ki Àlùkò o duro
Nwọn ni ki Odidẹre o duro
Nwọn l'Afojú, ọ kàn ọ o
Afojú si gbe ofà ti e kan'ju ọrun
L'oju aro l'o ba Agbe
Nígbatí o tun gb'ọfà
Ti o tun'i kan'ju ọrun
Ọ ba Àlùkò l'oju osun
Nígbatí ọ tun gbé ọfà, ti ọ gbèé lèé
Ọ ba Odidẹre l'oju eko
Nl'Afojú ba njó, ni ba nyọ
Ni nyin awọn awọ́risà
Awọn awọ́risà nyin'Ṣà

Traducción:

Ìjàánrìgì es el adivino de Ìjàánrìgì
Ìjàánrìgì es el adivino del Hombre Ciego
Estaba yendo a hacer adivinación para el Hombre Ciego.
El dijo que iba a dispararle al pájaro Agbe
El dijo que iba a pegarle en sus plumas azules
El adivino del Ciego adivinó para el Ciego.
El Hombre Ciego dijo que dispararía al pájaro Aluko en su parte roja.
El dijo que dispararía al Loro Gris africano en su cola roja
Ah! Hombre ciego, qué deberías hacer?
Ellos dijeron que debería hacer ofrenda
Qué ofrenda debía hacer?
Ellos dijeron que ofreciera 24.000 cauríes
Que debería ofrecer una paloma
Que ofreciera un pollo
El hombre ciego junto los elementos para la ofrenda,
Él hizo la ofrenda
Él ofreció un arco, una flecha y una cuerda
Cuando el Hombre Ciego hizo el sacrificio, a Èṣù le gustó.
Ellos dijeron, el pájaro *Agbe* debe quedarse quieto
Ellos dijeron, el pájaro *Aluko* debe quedarse quieto
Ellos dijeron, el loro gris debe quedarse quieto
Ellos dijeron "Hombre Ciego, es tu turno"
Y el Hombre Ciego tomó una flecha y la puso en el arco
Y el le pegó al pájaro *Agbe* en su zona azul
Cuando cargó otra flecha
El le dió al pájaro *Aluko* en su parte roja
Cuando cargó otra flecha
El le dió al loro en su cola roja
El hombre Ciego se puso a bailar, estaba feliz
Él alabó a los sacerdotes de òrìṣà que hicieron la adivinación,
Los sacerdotes de òrìṣà alabaron a òrìṣà.

Dice òrìṣà que no importa cuan difícil parezca una tarea ni tampoco interesa cuales sean los impedimentos, mucho es lo que puede resolverse con ofrendas y fé, el poder de *òrìṣà* es grande.

Ejioko adivinó para *Olókò* cuando quería tener hijos

Òkò kan'gi
Òkò padà'ẹhìn
O rè'bi o gbe ti wa
Awọn lo da fun Olókò Onrèsé
A l'ẹwa lòóròóròó
Olóko nìí on ti ṣe on lè bi 'mọ?
Ó sa lòwọ́, òwọ́ nàá pò
Ó kọ'ri si ode Ọyọ
Gbogbo ọba ni nwọn sa nlọ ode Ọyọ
N'gbà nwọn ó d'ọyọ
Nwọn ni ki nwọn o màá ṣe
Nígbatí nwọn bá ri ṣe titi titi ti
Nígbatí nwọn lọ ko Olókò
Nwọn n'pè Olókò, èṣin rè da?
Olókò, èṣin mi nìí
Olókò, aya rè da?
Olókò, ẹru mi nìí
Nígba nwọn ni Olókò, ọmọ rè da?
Kò lè gbèé
L'ó padà lọ 'lé
L'ó bá lọ ka'wọ ori, ó tẹ mo'lẹ
Nwọn ni k'ó lọ ru 'bọ
Kil'on a wa ru?
Nwọn ni ó r'egbàá méjilà òwọ́
Nwọn ni ó r'ẹiyẹlé
Nwọn ni ó ru aṣọ méjilà
Nwọn ni ó ru ẹwu méjilà
Nwọn ni ó ru adiẹ méjilà
Nwọn ni k'ó wa lọ bọ oke'pọri ẹ ni'jẹ
Nwon ni ó lọ bọ ni'mu
Olókò sa k'ẹbọ bèé, ó rubọ nùú
K'ó k'ẹbọ bèé, k'ó rubọ
Ọmọ ó lẹnu má
Nígbatí 'i di ọjọ́ mẹ́tà
Ọmọ rẹ o lè ni ogoji

Ó wa ti àwọn ọmọ yi s'ààjú
Àwon àyá t'o pọn'mọ
Ó ti nwọn s'ààjú, l'àwon obinrìn rẹ
Ó kọ'ri si ode Òyọ́
....

Traducción:

"La piedra golpea al árbol
La piedra rebota hacia atrás
Vuelve al lugar de donde vino"
Eran los que hicieron adivinación para *Olókò Onrèsé* (Rey de Oko)
Quien tenía belleza y riqueza
Allí estaba *Olókò*, qué debería hacer para tener hijos?
Él tenía dinero, mucho dinero
Él iba a la ciudad de *Oyo*
Todos los reyes estaban yendo hacia *Oyo*
Cuando ellos arribaron a *Oyo*
Ellos dijeron que podían cantar
Y cuando ellos cantaron por largo tiempo
Fue cuando ellos fueron al encuentro de *Olókò*
Ellos dijeron *"Olókò, donde está tu caballo?"*
Olókò dijo: "Aquí está mi caballo"
Ellos dijeron: *"Olókò, donde están tus esposas?"*
Olókò dijo: "Aquí están mis esposas"
"Olókò, donde están tus esclavos?"
Olókò dijo: "Aquí están mis esclavos"
"Olókò, donde están tus hijos?"
Él no contestó
Él regresó a su casa
Él puso sus manos en su cabeza, él fue por adivinación
Ellos dijeron que él debería ir y hacer una ofrenda
Qué debería ofrecer?
Ellos dijeron que ofreciera 24.000 cauríes
Ellos dijeron que ofreciera 12 palomas
Ellos dijeron que ofreciera 12 telas

Ellos dijeron que ofreciera 12 prendas de tela
Ellos dijeron que ofreciera 12 gallinas
Ellos dijeron que debía ir y sacrificar comida sobre su asentamiento de *òrìṣà*
Ellos dijeron que debía ofrecer también bebida
Olókò juntó las cosas para la ofrenda, él hizo la ofrenda
Luego que él recolectó e hizo la ofrenda
Sus hijos fueron incontables
Cuando el tercer día llegó
Sus hijos fueron cuarenta
Él puso sus hijos en el frente
A las esposas que cargaban hijos en sus espaldas
Las puso al frente de sus otras mujeres
Y partió hacia la ciudad de *Oyo*
De nuevo ellos vinieron a su encuentro como el otro día
Y de nuevo ellos cantaron como antes
Cuando ellos preguntaron: "*Olókò*, donde están tus hijos?"
Olókò dijo: "Aquí están mis hijos"
Olókò estaba feliz, él bailaba y cantaba
Él alababa a los *awórìṣà* que hicieron la adivinación
Los *awo* (adivinos) de *òrìṣà* alababan a *Òrìṣà*
"La piedra golpea al árbol
La piedra rebota hacia atrás
Vuelve al lugar de donde vino"
Fue la adivinación para *Olókò*, Rey de *Oko*
Cuando tenía belleza y fortuna, pero no tenía hijos
Olókò Onrèsé, hijo de *"Aquel que sacrifica al árbol de manteca de karité antes de tener hijos"*

Dice *Òrìṣà* que la persona debe hacer una ofrenda para que tenga muchos hijos. Hacer ofrenda para los Ancestros de la persona y también para el *Òrìṣà* de cabeza.
Dice *òrìṣà* que hay personas que le apoyan en sus empresas.
Dice *òrìṣà* que seguramente está planeando hacer un viaje o tal vez tenga que viajar, haga una ofrenda para que todo resulte bien y el viaje sea beneficioso.

ÒGÚNDÁ

Ògúndá'di hizo la adivinación para *Yemoja* cuando no tenía hijos

A pa 'gbín,
Nwọn ò k'ẹ́pón
A pa `rẹ̀
Nwọn kan èjẹ̀
Ọdẹ ògòngò ní nrìn t'omi t'omi
Dá fún Yemọja Omígbadé Àdùfẹ́
Ọmọ a jẹ ògòngò b'ẹ́gbẹ̀ta ọmọ
Omígbadé, ní on ti ṣe
T'on lè ibí ọmọ n'lé aiyé on?
Nwọn ní l'ebọ ni ó rú
Kíni on a wá rú?
Nwọn ni ó r'ẹgbã mẹ́tàlã
Nwọn ni ó rú aṣọ funfun
Nwọn ni ó ru òpọ̀lọ̀pọ̀ omi tútù
Nwon ni k'ó lõ rú ìgbín mẹ́talà
Nwọn ni kí Yemọja
Nwon ni k'ó lõ ní ẹgbẹ̀ta ògòngò
K'ó màá ibọri ẹ̀
Yemoja sá k'ebọ, o rú 'bọ
Ó k'erù, o tù
Ó ni egbẹ̀ta ògòngò
Nlọ fí nbọri ẹ̀
Yemoja bẹ̀rẹ̀ sí ọmọ bí
Ọmọ nàá ò ni yíàká ma
Bi nti njó, bẹ́ẹ nàá ní nyọ
Ní nyìn àwọn awóriṣà
Àwọn awóriṣà nyìn 'Ṣà

Traducción:

*"Nosotros matamos caracoles,
No buscamos enrojecimiento
Nosotros matamos grillos
No buscamos sangre
Uno que caza gorgojos de palma debe ir con agua"*
Fue la adivinación para *Yemoja Omígbadé Adùfẹ́* (El Agua tiene corona y compite por casarse)
Hija de "Aquel que come gorgojos de palma y tiene seiscientos hijos"
Omígbadé dijo, "Qué debo hacer para tener hijos en la tierra?"
Ellos dijeron que debería hacer una ofrenda
Qué debería ella ofrecer?
Ellos dijeron que ofreciera 26.000 cauríes
Ellos dijeron que ofreciera ropas blancas
Ellos dijeron que ofreciera abundante agua fresca
Ellos dijeron que ofreciera trece caracoles
Ellos dijeron: "*Yemoja*, tú debes ir y encontrar seiscientos gorgojos de palma. Debes también hacer sacrificio para tu cabeza."
Yemoja recolectó las cosas para la ofrenda, ella hizo la ofrenda;
Ella apaciguó a las divinidades.
Ella consiguió seiscientos gorgojos de palma
E hizo el sacrificio a su cabeza.
Yemoja empezó a tener hijos,
Sus hijos fueron numerosos.
Ella danzó y se regocijó
Ella alabó a los adivinos de *òrìṣà*
Los adivinos alabaron a *Òrìṣà*

Òrìṣà pronostica bendiciones de hijos y/o seguidores, la persona a la cual le aparece este *odù* tiene posibilidades de liderazgo o tal vez pueda acceder a asumir cargos importantes a nivel laboral. En todo caso, se deberá hacer la ofrenda que *òrìṣà* indique.

Ògúndá 'kànràn adivinó para el pueblo de Égùn Majọ̀

Òrúgúdú kan
Ògbálájá kan
Òtèrè kan
Egbèrin àgbàdò,
Àgbàdò egbèrin
Nlọ dá fún nwon l' Égùn Majọ̀
Níbi nwọn njí
Ti wọn nsun'kún 're gbogbo
Ará Égùn, aiyé wọn já l'ojú ọmú, ó ti l'èhin

Traducción:

"Primera ronda
Una larga
Una delgada
Ochocientos maíces
El maíz vale ochocientos cauríes"
Fue la adivinación para el pueblo de Égùn Majọ̀
Cuando ellos estaban despertando
Y llorando por tener todas las bendiciones
La gente de Egun vivía con problemas y no era feliz
Ellos decían: "Cuanto tiempo falta?"
"Qué hay de la Primera Ronda?"
Ellos dijeron que deberían ir y decirles que vengan
Ellos fueron allí
Ellos pusieron sus manos en sus cabezas, ellos fueron tras los Irunmọ́lè
Ellos no vieron a nadie más
Los Tres Ancianos fueron únicamente a quienes vieron
Ellos dijeron que deberían hacer sacrificio
Qué sacrificio debemos hacer? Preguntaron
Ellos dijeron que deberían ofrecer 26.000 cauríes
Ellos dijeron que ofrecieran tres pollos
Tres palomas
Ellos deberían ofrecer tres tiras de tela

Ellos deberían ofrecer todo lo que la boca come
Ellos deberían ofrecer tres de cada cosa
El pueblo de *Égùn* recolecto las cosas para la ofrenda, ellos hicieron la ofrenda.
Ellos apaciguaron las divinidades
La vida enseguida se hizo placentera en *Égùn*
Y ellos empezaron a tener dinero
Empezaron a tener hijos
Ellos bailaban y cantaban alabando a los adivinos de *òrìṣà*
Los adivinos de *òrìṣà* alabaron a *Òrìṣà*.

Dice *òrìṣà* que se debe hacer una ofrenda en un cruce de caminos para que aparezcan las oportunidades y la prosperidad.

Ògúndá-òbẹ adivinó para Ògún Olóbẹ'dé

> Ogun dá òbẹ
> Àláfíà dádé
> Ogun tàbí àláfíà?
> Òbẹ tàbí adé?
> Dá fún Ògún nígbatí d'olóbẹ 'dé
> Nwọ́n ni ki ó ru bọ
> Kí ni òn yió a rú?
> ....
> ....

Traducción:

"La guerra crea la cuchilla
La paz crea la corona
La guerra o la paz?
La cuchilla o la corona?"
Fue la adivinación para Ògún, cuando se convertiría en dueño de la cuchilla y la corona
Ellos dijeron que debería hacer una ofrenda
Qué ofrenda debería hacer?
Ellos dijeron que ofreciera 26.000 cauríes
Ellos dijeron que ofreciera un perro a su Eledá
Ellos dijeron que ofreciera 3 pollos
Ellos dijeron que ofreciera suficiente epo
Ellos dijeron que ofreciera ẹmu (vino de palma)
Ellos dijeron que ofreciera un cabrito a Èṣù
Que ofreciera ñame machacado
Que ofreciera 3 àkàrà
Ògún escuchó, juntó los materiales e hizo la ofrenda
Al poco tiempo partió con su ejército hacia la ciudad de Ire
Rápidamente diezmó y doblego al enemigo,
Portando una gran cuchilla decapitó al Rey y le quitó la corona,
Se transformó en Olóbẹ-adé "Dueño de la cuchilla y la Corona", "Rey de Ire"

Por este camino, Ògún es Oníre Olóbẹdé

Òrìṣà dice que la persona a la cual le aparecer este odù deberá estudiar y capacitarse, porque no sólo el trabajo físico es lo suyo, habrá así un equilibrio entre intelecto y esfuerzo que le beneficiará. Su cabeza debe ser alimentada para tener mejor concentración. Deberá hacer las ofrendas que se indiquen para recibir el apoyo de las divinidades y poder superarse en los estudios.

Ogunda'rosun enseña porqué *Ògún* es el dueño del Hierro

*Òkè kò ni gíga dàbí 'rùn
Oòrùn kò jó dàbí 'nná
Dá fún Irin nígbatí w'ayé
Nwọn ni k'ó ru bọ fun kò l'ẹrú
Ki l'on a ru?
Nwọn ni k'ó ru òbúkọ
Nwọn ni k'ó ru òpòlòpò epo
Nwọn ni k'ó ru àkukọ mẹ́ta
Nwọn ni k'ó ru ẹiyẹlé mẹ́ta
Nwọn ni k'ó ru ọtì
Nwọn ni k'ó r'ẹgbā mẹ́tàlā
Nwọn ni k'ó ru ekú mẹ́ta
Irin gbó sùgbọ́n má ṣ'ẹbọ
...............*

Traducción:

La montaña no es más alta que el sol
El sol no quema como el fuego
Fue al adivinación para el Hierro,
El día que venía al Mundo
Ellos dijeron que él debería hacer una ofrenda para evitar otros usaran su virtud en beneficio propio
Qué debería ofrecer?
Ellos dijeron que ofreciera un cabrito
Ellos dijeron que ofreciera suficiente aceite de palma
Ellos dijeron que ofreciera 3 pollos
Ellos dijeron que ofreciera 3 palomas
Ellos dijeron que ofreciera 26.000 cauríes
Ellos dijeron que ofreciera 3 ratas de campo
Ellos dijeron que ofreciera ginebra
Hierro escuchó pero no quiso hacer la ofrenda,
Él dijo que debido a su dureza no temía a nada ni a nadie
Recordó que en el Cielo era alguien muy respetado
Decidió partir para el Mundo

Al llegar a la Tierra,
Èṣù vió que el Hierro no hizo la ofrenda y se dirigió a la casa de Ògún
Èṣù le dijo que del Cielo había llegado un personaje que tenía grandes cualidades
Que seguramente ese Ser sería de mucha ayuda en las batallas
Ògún, lleno de curiosidad comenzó a buscar a Hierro
Al mismo tiempo, Èṣù transformado en un anciano, le dijo a Hierro que se escondiera en el volcán, porque Ògún lo estaba buscando para capturarlo como esclavo
Hierro fué y se escondió en el volcán
Unos días más tarde el volcán comenzó a hacer erupción, Ògún vió que de la boca del volcán salía despedido Hierro junto con trozos de rocas y lava incandescente.
Èṣù le sugirió a Ògún que capturara a hierro en ese momento y que lo golpeara
Hierro estaba al rojo vivo debido al fuego del volcán
Ògún viendo que al golpear a Hierro podía moldearlo a su gusto,
Empezó a usar el Hierro para fabricar todas sus armas y después las herramientas.
Fue así como Hierro se transformó en un esclavo de Ògún

Dice òrìṣà que haga ofrenda para evitar ser esclavizado por alguien.
No permita que otros le obliguen a hacer cosas que no quiere.
Tenga cuidado con el fuego.

Ògúndá adivinó para Oyèdèjì

Orí olókìkí kò j'asan
Nwọn nkígbe wọn nlé
Nwọn nkígbe wọn ní ogun
Dá fún Oyèdèjì
Ti s'ọmọ Elenpe Àgarawú
Awọn ti ṣe
T'awọn lè'i rí're nlé aiyé?
Nwọn l'ebọ ni nwọn ọ̀ mọ̀
Kíl'awọn a wá ru?
Nwọn ní kí nwọn ó rú ẹgbẹ̀ẹ́bā mẹ́tàlá
Kí nwọn ó r'àkùkọ'dìẹ mẹ́ta mẹ́ta
Kí nwọn ó rú òpòlòpò ẹ̀wà
Kí nwọn ó rú òpòlòpò ẹ̀kọ
Kí nwọn ó rú òpòlòpò àkàrà
Kí nwọn ó màá'ìbọ òkè'pọ̀rí wọn
Oyèdèjì sá k'ebọ, ó rú'bọ;
Ó k'érù, o tû.
Bẹ́ẹ̀ ná l'Oyèdèjì jẹ ọba
Bí nwọn ti nkígbe obìnrin rẹ̀,
Bèé ni nwọn nkígbe Oyèdèjì
Nwọn ba bẹ̀rẹ̀ sijó, wọn nyọ̀
Nwọn nyìn àwọn awọ́rịṣ̀à
Àwon awórisà nyìn'Ṣà

....
....

Traducción:

"Las cabezas famosas no son inútiles,
Ellas son aclamadas en la casa,
Ellas son aclamadas en batalla"

Fue la adivinación para Oyèdèjì (Título se convierte en dos)
Quien era el hijo del jefe de Elenpe Agarawu

Qué deberían hacer para ser capaces de ver bendiciones en la Tierra?
Ellos dijeron "Tú verás bendiciones"
Ellos dijeron " Tú deberás hacer una ofrenda"
Que deberían ofrecer?
Ellos dijeron que debían ofrecer 26.000 cauríes;
Ellos deberían ofrecer 3 pollos cada uno;
Ellos deberían ofrecer tres palomas cada uno;
Ellos deberían ofrecer abundantes porotos
Ellos deberían ofrecer abundante crema de almidón de maíz (akasá)
Ellos deberían ofrecer abundantes *àkàrà* (*acarajé* =bollo hecho a base de frijoles y frito en aceite)
Ellos deberían ofrecer sacrificio a sus divinidades de cabeza.
"Título se convierte en dos" recolectó las cosas para la ofrenda, él hizo la ofrenda, apaciguó a las divinidades.
Así, "Título se convierte en dos" se volvió Rey.
Como ellos aclamaron también a su esposa
Entonces estaban aclamando a "Título se convierte en dos"
Ellos entonces empezaron a bailar, ellos estaban felices,
Ellos alabaron a los adivinos y los adivinos alabaron a Òrìṣà
Los adivinos había hablado con la verdad

"Las cabezas famosas no son inútiles,
Ellas son aclamadas en la casa,
Ellas son aclamadas en batalla"
Fue la adivinación para "Título se convierte en dos"
Quien era el hijo del jefe de *Enpe Agarawu*
La esposa lentamente fue siendo aclamada también

Dice Òrìṣà que el marido debe hacer una ofrenda para que su mujer no sobrepase su fama ni su poder, pues eso podría traer como consecuencia lucha de poderes, conflictos y una futura ruptura.

Ògúndá adivinó para el hijo del Rey de Benin, el hijo del Rey de Arada y el hijo del Rey de Ijebu Ode

A jí fòwó şiré
Ojó ì pé títí, kí ojó o má pe
Ló da fun A jí fòwó şiré
Ti şómo won lóde Bíní
Ojó ì jìnnà, jìnnà, jìnnà,
K'ojó ó rí, rí, rí
Kó má pe
Dá f'A jí fómo okún ta'yò
Ti şómo won lóde 'Ràdà
Ò gbá, ó gbá, ní erú je
Njíyò lódò olówo re
Ló dá fun Kò í gbó aiyé, kò í gbó òrun
Ti şómo won lóde Jèbu Ode.
A jí fówó şíré nìí
Omo Onibíní ni
....

....

TRADUCCIÓN:

"Uno que se levanta y juega con dinero,
Ningún día es tan lejano como para que nunca venga"
Fue la adivinación para "Uno-Que-se-Levanta-y-Juega-con-Dinero"
Quien era hijo de la gente de la ciudad de Benin
"Ningún día es muy, muy distante,
Ningún día está muy, muy lejano,
Como para que nunca venga"
Fue la adivinación para "Uno-Que-se-Levanta-y-usa-Cuentas-Para-Jugar"

Quien era hijo de la gente del pueblo de Arada
Tú lo permites, tú lo permites, eres como un esclavo
"Comes sal con tu amo"
Fue la adivinación para "No-Escucho-la-Tierra-No-Escucho-Al-Cielo"
Quien era hijo de la gente del pueblo de Ijebu Ode
"Uno-Que-Se-Levanta-y-Juega-con-Dinero"
Era el hijo del Rey de Benin
"Uno-Que-se-Levanta-y-usa-Cuentas-Para-Jugar"
Era el hijo del Rey de Arada
"No-Escucho-la-Tierra-No-Escucho-Al-Cielo"
Era el hijo del Rey de Ijebu Ode
Ellos tres eran amigos
Y ellos salieron de la ciudad
Y ellos dijeron,
"Qué debemos hacer para las cosas sean agradables para nosotros?"
"Hey!", dijeron ellos, "Ustedes deben hacer una ofrenda"
Ellos dijeron, "Ustedes tres, ocuparán la posición de sus padres"
"Qué debemos ofrecer?" preguntaron
Ellos dijeron que ofrecieran 26.000 cauríes
Ellos debían ofrecer 3 pollos cada uno
Tres palomas cada uno
Tres nueces de cola cada uno
Ellos debían ofrecer alimento a sus orisa de cabeza
Los tres decidieron que harían la ofrenda,
Los tres ofrecieron también la ropa que llevaban puesta
Luego que hicieron de hacer la ofrenda
Después de un tiempo
"El día finalmente vino, el día llegó"
Ellos se llevaron a "Uno-Que-Se-Levanta-y-Juega-con-Dinero"
Para hacerlo rey de Benin
"El día muy, muy distante,
El día muy, muy lejano, llegó"
Ellos se llevaron a "Uno-Que-se-Levanta-y-usa-Cuentas-Para-Jugar"
Para hacerlo rey de Arada

"Tú lo permites, tú permites, eres como un esclavo que come sal, con su maestro"
Ellos se llevaron a "No-Escucho-la-Tierra-No-Escucho-Al-Cielo" para hacerlo rey de Ijebu Ode.
Ellos tres bailaron, estaban felices,
Ellos alabaron a los adivinos
Los adivinos habían dicho la verdad
Los adivinos alabaron a Òrìṣà.

Dice *òrìṣà* que el destino de cada uno ya fue escogido por uno mismo en el Cielo, que lo único que hay que hacer es tener paciencia, hacer las ofrendas y esperar, que todo tiene su tiempo.
Si anda atrás de un cargo de importancia en su trabajo, deberá esperar a que quede vacante para poder ocuparlo.

Ògúndámẹ̀sààn adivinó para Ògún y Ọya cuando se enfrentarían

Ògún dá mẹ́sààn
Ọya dá méje
Dáṣà fún Ògún, ọkọ Ọya
Nígbatí Ọya nlọ t'ilé
Nwọn ni kí Ògún ru bọ
Nwon ni ó ru ẹgbẹ̀ẹ́bā mẹ́tàlá
Nwọn ni kí ó ru òbúkọ fun Èṣù
Nwọn ni ó ru ìyán
Nwọn ni ó ru àkukọ mẹ́ta
Nwọn ni ó ru oyin
Nwọn ni ó ru ìgbín mẹ́ta

Traducción:

"Ògún crea nueve,
Ọya crea siete"
Fue la adivinación de òrìsà para Ògún, marido de Ọya
Cuando Ọya se estaba yendo de la casa
Ellos dijeron que Ògún debía hacer una ofrenda para evitar una pelea
Ellos dijeron que ofreciera 26.000 cauríes
Ellos dijeron que debía ofrecer un chivo a Èṣù
Ellos dijeron que ofreciera ñame,
Ellos dijeron que ofreciera 3 gallos
Ellos dijeron que ofreciera 3 caracoles
Ellos dijeron que ofreciera *epo*
Ellos dijeron que ofreciera hojas de *mẹ́sẹ́n mẹsẹ̀n*
Ellos dijeron que ofreciera hojas de *arádò*
Ellos dijeron que ofreciera hojas de *gogoro*
Ògún escuchó y dijo que no necesitaba hacer ninguna ofrenda,
Él dijo que ningún hombre se atrevería a enfrentarlo
Que seguramente él ganaría la pelea debido a su fortaleza.
Al poco tiempo su mujer se fue de la casa,

Ògún la persiguió.
Ellos tuvieron una pelea muy fuerte,
Ògún tenía una vara mágica con la cual dividía a quien tocaba en 9 pedazos.
Mientras que *Oya* tenía una vara que dividía a las personas que tocaba en 7 pedazos.
Cuando ellos pelearon, ellos se golpearon al mismo tiempo con sus varas.
Ògún quedó dividido en siete, *Oya* quedó dividida en nueve, ellos no murieron porque son inmortales.
Desde ese día es que existen siete caminos de *Ògún* y nueve caminos de *Oya*.
A *Ògún* lo relacionamos con el número 7, a *Oya* con el número 9.

Dice *òrìşà* que hay problemas en la pareja, que se debe hacer una ofrenda para evitar una pelea entre marido y mujer. Hay alguien interesado en que la pareja se disuelva.

Ògúndalòbẹ hizo la adivinación para *Alágbẹ̀dẹ*

Ògún da ọbẹ
Òbe d' Ògún
Da fun Alágbẹ̀dẹ
Nígbatí fẹ́ ṣé irin rírọ̀
Nwọn ni kí ó ru bọ
....

Traducción:

"*Ògún* se convierte en cuchillo
El cuchillo se convierte en *Ògún*"
Fue la adivinación para *Alágbẹ̀dẹ*
Cuando quería encontrar la forma de forjar el hierro
Ellos dijeron que debía hacer una ofrenda
Qué ofrenda debería hacer?
Ellos dijeron que debía ofrecer 26.000 cauríes
Ellos dijeron que debía ofrecer 3 gallos
Ellos dijeron que debería ofrecer abundante carbón
Ellos dijeron que debía ofrecer ñame
Ellos dijeron que ofreciera un fuelle
Que ofreciera 3 cuchillas de madera
Él escuchó e hizo la ofrenda,
Luego, su *Eledá,* que era *Ògún* se le apareció en sueños
Le dijo que encendiera los carbones y usara el fuelle para avivarlos,
Que colocara mineral de hierro encima y lo fuera golpeando hasta hacer una cuchilla.
Que luego debía lavar la herramienta con 7 hierbas,
Esa cuchilla sería alimentada con *epo,* un cabrito y 3 pollos
Al despertar, eso fue exactamente lo que hizo
De ese modo logró fabricar una cuchilla grande y tosca,

Después la alimentó tal cual se le había dicho en sueños y la acomodó en un altar donde de allí en adelante rindió culto a *Ògún*, representado por la cuchilla.

Con el paso del tiempo *Ògún* le siguió develando secretos para trabajar los metales y *Alágbẹ̀dẹ* se convirtió en el primer herrero de la historia, su nombre hoy se usa para decir: *herrero*.

Todos los herreros tienen en su casa un altar en homenaje a *Ògún*.

Alágbẹ̀dẹ vivió muchos años, pero cuando finalmente murió, fue divinizado como el patrono de los herreros y se le representó con una piedra oscura con forma de yunque que se agregó al altar de *Ògún*.

Creemos que *Alágbẹ̀dẹ* era el propio *Ògún* encarnado en el mundo en su fase de herrero.

Ògúndáko fue la adivinación para *Ògún* y para *Òrìṣà Oko* el día que se enfrentaron.

*Ogun dáko fun igún
Aláfià dáko fun ènìyàn
Ogun má pá ẹbi
Dá fún Ògún níjó tí yio lọ'jà
Awóriṣà ni k'ó rubọ fun dá-dúró kú púpọ̀
Mb'ogun fun fẹ̀ ilẹ̀ t'Olófẹ̀
Ògún bá'won jagunjagun rè ni jìnnà t' ilẹ̀-ifẹ̀
Nwọn dótì ode Irawo
Kú ọnjẹ l'ọtá ẹ
Àwon awóriṣà ni kí nwọn lò àdá fun gé èhù kóríko
Nwọn ni kí nwọn lọ pẹ̀lú ọtá rẹ l'aláfià
Ogun dáko fun igún
Aláfià dáko fun ènìyàn
Ogun má pá ẹbi
Dá fún Ògún níjó tí dótì ode Irawo
Nwọn ni k'ó r'ẹgbẹ̀ẹ́bã mẹ́tàlá
Nwọn ni k'ó ru'búkọ fun Èṣù
Nwon ni k'ó r'akukọ mẹ́ta
...................*

Traducción:

*"La guerra hace una granja para el buitre
La paz hace una granja para la gente
La guerra no mata el hambre"*

Fué la adivinación para *Ògún* el día que iba a la batalla
El sacerdote de *òrìṣà* dijo que él debía hacer una ofrenda
Para evitar muerte en abundancia
El motivo de la guerra era extender la tierra del Rey de *Ifẹ̀*
Ògún con su ejército estaba muy lejos de de *Ilẹ̀-Ifẹ̀*,
Habían sitiado la ciudad de *Irawo*
Ahora la falta de alimento era otro enemigo

Los adivinos le dijeron que debería usar los machetes pero para limpiar el campo de hierbas
Dijeron que debería unirse al enemigo para buscar la solución al hambre

"La guerra hace una granja para el buitre
La paz hace una granja para la gente
La guerra no mata el hambre"

La adivinación para Ògún, cuando tenía sitiada la ciudad de *Irawo* con su ejército
Ellos dijeron que ofreciera 26.000 cauríes
Ellos dijeron que ofreciera un chivo a Èṣù
Ellos dijeron que ofreciera 3 pollos
Ellos dijeron que ofreciera sus armas de guerra
Ògún escuchó y siguió el consejo,
Él y su pueblo calmaron a las divinidades,
Ellos hicieron la ofrenda
Ògún con su gente empezó a limpiar un gran trozo de campo
Ellos quitaron toda la maleza en los alrededores de *Irawo*
Ellos ofrecieron el chivo y los pollos a Èṣù,
Èṣù aceptó la ofrenda

"La guerra hace una granja para el buitre,
La paz hace una granja para la gente
La guerra no mata el hambre"

Fue también la adivinación para Òrìṣà Oko,
Rey de *Irawo*, cuando su gente estaba pasando hambre
Debido a que Ògún estaba apostado con su ejército en las afueras de *Irawo*
Ògún y su ejército no permitían que nadie entrara ni saliera de la ciudad
Ellos dijeron que debería hacer una ofrenda
Ellos dijeron que ofreciera 26.000 cauríes
Ellos dijeron que ofreciera un chivo a Èṣù
Ellos dijeron que ofreciera 3 pollos
Ellos dijeron que ofreciera agua fresca

Ellos dijeron que ofreciera 200 calabazas llenas de semillas de verduras y cereales variados
Òrìṣà Oko, Rey de Irawo juntó los materiales
Él y su pueblo hicieron la ofrenda
Ellos entregaron las cosas a Èṣù
Èṣù fue donde Ògún y le entregó las 200 calabazas con semillas y el agua,
Èṣù le dijo que era una dádiva del Rey de Irawo a cambio de la paz,
Ògún dijo: "Acepto esto, aunque no sé de que me servirá"
Al mismo tiempo, Èṣù tomó las armas que el ejército de Ògún había ofrendado
Y se las llevó a Òrìṣà Oko,
Le dijo que era un envío de Ògún para demostrar que no pelearía más con su pueblo
Èṣù dijo: "Ògún y su gente limpiaron el campo porque quieren unir sus fuerzas para que juntos cultiven la tierra"
Èṣù le dijo: "Ellos te ofrecen las herramientas, tú tienes el conocimiento"
Òrìsà Oko dijo: "Después de todo Ògún ha sido muy inteligente, pues se llevará con él algo que supera cualquier botín de guerra"
Luego Ògún y Òrìsà Oko se encontraron en las puertas de la ciudad
Ambos se dieron la mano e hicieron las paces
La gente del pueblo de Irawo rápidamente transformó las armas en herramientas que sirvieran para cultivar
Òrìsà Oko entonces le explicó a Ògún que las calabazas con semillas debían ser ofrecidas a la Tierra
Ògún así lo hizo, su ejército empezó a tirar las semillas sobre la tierra arada por la gente de Òrìṣà Oko.
Finalmente Ògún ofreció el agua fresca,
Poco tiempo después las plantas empezaron a crecer,
Y enseguida hubo abundantes cosechas

"La guerra hace una granja para el buitre,
La paz hace una granja para la gente
La guerra no mata el hambre"

Los primeros frutos se recogieron y se hizo una gran fiesta

Ògún y *Òrìṣà Oko* estuvieron de acuerdo en que desde ese día,
Cada vez que se juntara el trabajo, las semillas, el agua, la tierra y las herramientas,
Se recordaría el día en que ambos hicieron un pacto de paz
Y gracias a esto fue creada la primera granja
Ellos estaban felices,
Ellos bailaron y cantaron,

"La guerra hace una granja para el buitre,
La paz hace una granja para la gente
La guerra no mata el hambre"

Ellos alabaron a los sacerdotes de *òrìṣà* que hicieron la adivinación,
Ellos dijeron que los sacerdotes de *òrìṣà* habían dicho la verdad,
Los sacerdotes de *òrìsà* alabaron a *òrìṣà*.

Dice *òrìsà* que una pelea no es el mejor resultado para arreglar una situación que hace tiempo está perjudicando a dos protagonistas (competidores), la solución es buscar unirse y así ambos sacar beneficio, de lo contrario ninguno ganará nada.

Ògúndásá dice que la pereza no trae prosperidad

Òogùn dálásà wòsàn
Àgbẹ̀ dálásà ìkórè
Dá fún Òlẹ ni'jó tí wayé
Nwọn ni ó rubọ nítorí ó má yio ṣe rere
Nwọn ni ó r'ẹgbàafá
Nwọn ni ó r'epo pupa
Nwọn ni ó r'akùkọ mẹ́ta
Nwon ni ó r'àjá fun Ògún
Nwọn ni ki ó ru'bọ l'ori okè
....

Traducción:

"El remedio intenta curar
El agricultor trata de cosechar"
La adivinación para Perezoso
El día que venía al Mundo
Ellos dijeron que hiciera una ofrenda porque no sería próspero
Ellos dijeron que ofreciera 12.000 cauríes
Ellos dijeron que ofreciera aceite de palma
Ellos dijeron que ofreciera 3 pollos
Ellos dijeron que ofreciera un perro a Ògún
Ellos dijeron que hiciera la ofrenda en la cima de la montaña
Perezoso escuchó, pero no quiso hacer la ofrenda,
Él dijo que no tenía ganas de subir hasta la cima la montaña,
Sin más partió para el Mundo
Cuando llegó a la Tierra,
No quería trabajar, toda tarea para él era pesada

Pasaba los días tirado debajo de un árbol
Sus amigos se esforzaban cosechando honores y prosperidad,
Perezoso estaba en la pobreza
Hasta que llegó el tiempo en que tuvo que pedir limosnas
Vivió una muy mala vida, pasando hambre y miseria
"El remedio intenta curar
El agricultor trata de cosechar"

    Òrìṣà aconseja tomar baños de descarga para alejar la negatividad.
Dice Òrìṣà que la pereza no es buena, el trabajo no solo trae dinero, sino que también debe traer el beneficio de la distracción y la alegría de ejecutar tareas que luego nos enorgullezcan.
Dice Òrìṣà que lo perezosos no aprenden nada, para aprender muchas cosas es preciso la práctica, como es el caso de tareas religiosas relacionadas con rituales.

IROSUN

Irosoko enseña que la verdad prevalece por sobre la mentira

Ìrọ́ sọ 'kò
Òòtọ́ kò ṣubú
Bi òòtọ́ wá ìrọ́ lọ
Dá fún Akinmulẹwo
Níjó kí nlọ gbéyàwó
Nwọ́n ni ki ó ru bọ
Ki l'on a ru?
Nwọ́n ni ó ru ẹgbàá mẹ́rìnlá
Nwọ́n ni ó ru akùkọ adìẹ
Nwọ́n ni ó ru aṣọ
Nwọ́n ni ó ru àkàrà
Nwon ni ó ru àdá fun Ògún
Ó gbó, ó ru bọ
....

Traducción:

"La Mentira dispara proyectiles
La Verdad no cae
Si la Verdad viene la Mentira se va"
Fue la adivinación para *Akinmulẹwo*
El día que iba a casarse
Ellos le dijeron que debería hacer una ofrenda
Qué ofendra debería hacer?
Ellos dijeron que ofreciera 28.000 cauríes
Ellos dijeron que ofreciera un gallo

Ellos dijeron que ofreciera tela
Ellos dijeron que ofreciera bollos de frijoles
Ellos dijeron que ofreciera un machete a *Ògún*
Él escucho e hizo la ofrenda

Poco tiempo después tuvo que salir de viaje
Durante los días que estuvo ausente
Un hombre trató de seducir a su esposa, pero no tuvo suerte
Cuando *Akinmulẹwo* regresó a su casa,
El hombre que trató de seducir a su esposa, le dijo que su esposa le había engañado
Que él había sido testigo de como ella se acostaba con otro
Akinmulẹwo le preguntó a su esposa si eso era cierto,
Ella respondió que quien había querido seducirla era el hombre que ahora quería enfrentarlos con mentiras.
Akinmulẹwo se encontraba ante un dilema y no sabía a quien creer
Fue entonces que le dijo a ambos:
"Resolver este conflicto es muy sencillo, quiero que ambos pongan su lengua sobre la hoja del machete que fue ofrendado a *Ògún* y juren que lo que dicen es verdad, quien mienta seguramente será víctima de *Ògún*."
Su mujer no tuvo inconvenientes y con mucha tranquilidad se ofreció para la prueba,
El hombre dijo que no precisaba hacer eso, que su palabra bastaba
Akinmulẹwo le contestó que debería hacerlo para probar su honestidad
Tomando el machete del altar empezó a acercarse al hombre
Entonces el hombre empezó a sudar mucho, se puso muy nervioso y salió corriendo.
"La Mentira dispara proyectiles
La Verdad no cae
Si la Verdad viene la Mentira se va"
Akinmulẹwo ahora estaba completamente seguro de quien mentía
Él ahora sabía que su mujer no le engañaba
Él estaba feliz, se puso a bailar y cantar

Él rindió homenaje a los sacerdotes que hicieron la adivinación para él,
Los sacerdotes alabaron a Òrìṣà.

Dice òrìṣà que no debe dejarse llevar por las cosas que le digan otras personas. Hay gente que le aconseja mal porque en verdad desea tener lo que ud tiene.

Hay envidia y traición hacia usted entre el círculo de personas que frecuenta.

Irosun hizo la adivinación para la *Mañana* y la *Noche*.

*Eri sun mbọlá
Awọ́rìṣà wọn l'ode'Do
Agbòn biri awórìṣà wọn l'ode 'Jero
Kùtùkùtù da fun Àwúrọ̀
A bu fun Alẹ
......................*

Traducción:

"La cabeza me está llevando a la riqueza"
Es el adivino de *Òrìṣà* de la ciudad de *Ado*
"Alrededor de la canasta" es el adivino de la ciudad de *Ijero*.
Amanecer fue la adivinación para *Mañana*
y la compartió con *La Noche*
Entonces hubo *Amanecer*, la bendición de la *Mañana*.
Si su *Noche* es buena, debe agradecer
Sí, ellos dijeron que *Noche* debía ofrecer un sacrificio
Ellos dijeron que la *Mañana* también debía ofrecer uno.
"Qué?!" Dijo la Mañana,
"Qué sacrificio debo ofrecer?, porque yo ya tengo bendiciones!"
La Mañana dijo: "Yo ya tengo suficientes bendiciones en la vida"
Ellos dijeron que *Noche* debía ofrecer un sacrificio
Y Noche dijo que haría el sacrificio.
"Qué debo ofrecer?" preguntó.
Ellos dijeron que ofreciera 28.000 cauríes
Ellos dijeron que ofreciera 4 palomas
Ellos dijeron que ofreciera 4 pollos
Ellos dijeron que ofreciera 4 telas
Noche juntó las cosas para la ofrenda e hizo la ofrenda,
Y luego vino a la Tierra.

Qué sucedió cuando vino a la Tierra?
Pronto el día amaneció
Las personas que buscaban dinero salieron
Las personas que buscaban telas salieron
Los que buscaban cuentas salieron
Cuando ellos encontraron dinero, telas y cuentas, y llegó la Noche
Ellos trajeron todas las cosas a sus casas,
Todo lo que hicieron, ellos podrían decir: "Esperaremos hasta la noche siguiente."
Después, la *Noche* recogió todos los frutos del trabajo hecho por la *Mañana*.
La *Mañana* trabajaba y cosechaba la *Noche*.
Cuando la gente oraba, decía: "*Olódùmãre*, haz posible que tengamos una buena noche".
Y la *Noche* era buena.
La *Noche* tuvo bendiciones en la Tierra.
Ella bailaba, ella estaba feliz,
Ella alababa a los adivinos de *òrìṣà*
Y los adivinos de *òrìṣà* rendían homenaje a *Òrìṣà*

Dice *Òrìṣà* que por más que uno se crea seguro de que todo está bien, por más que ya se tengan bendiciones, uno debe siempre hacer las ofrendas prescriptas para evitar eventos negativos futuros, porque *òrìṣà* se anticipa a aquello que aún no conocemos.

Iroso'ṣe enseña que la avaricia no es buena

Oró osun ṣe àisàn
Òpòlòpò 'yin ṣ'ehin kíkẹ̀
Òṣùwòn ni rere
Dá fún Arojú-owó
Nɪjó ó nlọ ojúgbòròmẹkun
Nwọn ni ki ó 'rubọ
....

Traducción:

"*El hongo venenoso hace mal*
Abundante miel trae caries
El equilibrio es bueno"
Fue la adivinación para *Avariento*
El día que iría al mercado de *Ojugboromekun*
Ellos le dijeron que debería hacer una ofrenda
Ellos dijeron que debía ofrecer 9.000 cauríes
Ellos dijeron que ofreciera un cabrito para *Èṣù*
Ellos dijeron que ofreciera 4 *ekọ* (pasta de maíz)
Ellos dijeron que ofreciera 4 calabazas
Ellos dijeron que debía ofrecer suficiente aceite de palma
Ellos le dijeron que ofreciera 4 bastones
Que ofreciera 4 sogas del tamaño de su mano izquierda
Que ofreciera 4 huevos
Que ofreciera rosetas de maíz (*gúgúrú*)
Avariento escuchó,
Juntó menos de la mitad de los materiales y dijo que no tenía como conseguir el resto
Él dijo que hicieran la ofrenda igual con lo poco que había juntado
Ellos le dijeron que la ofrenda no daría el resultado esperado
Ellos le dijeron que quizás no sería aceptada la ofrenda

Él insistió en que la hicieran igual
Ellos prepararon los materiales y los ofrecieron
Avariento partió al mercado y compró todo aquello que tenía el menor costo y que aparentaba ser bueno.
Él compró un machete sin mango
Compró una vasija astillada
Compró un caballo enfermo
Y partió rumbo a la tierra
Antes de llegar al mundo el caballo ya se había muerto,
Tuvo que seguir a pie por muchos días
Se topo con un bosque espeso y tuvo que usar su machete para abrir camino
Al poco rato de ponerse a cortar enredaderas,
Sus manos estaban lastimadas,
Juntó agua en la vasija astillada, pero cuando iba a tomar,
El agua se empezaba a escapar por la rajadura a una velocidad tal,
Que casi no le permitía beber tres tragos seguidos.
En el mundo, nació con las facultades que adquirió en el mercado del Cielo.

La compra del caballo enfermo hizo que:

Siempre esté pensando en ganar invirtiendo poco,
Las cosas que compra están en mal estado o se rompen con facilidad,

La compra del machete sin mango hizo que:

Su salud y su cuerpo muchas veces deban aguantar el impacto del esfuerzo causado por tratar de ahorrar,

La compra de la vasija astillada hizo que:

Siempre está desesperado por alcanzar tomar algo que se escurre entre sus dedos, muchas veces es el dinero lo que pretende.

Esas facultades son las mismas que tendrá toda persona que sea avarienta en el mundo.

Dice òrìṣà que las ofrendas se deben hacer completas,

Dice òrìṣà que no se debe buscar menor precio por algo que no vale menos

Dice òrìṣà que el desespero por el dinero solo hace que éste se aleje cada vez más

Dice òrìṣà que sólo aquellos que saben compartir y son generosos viven sus vidas con alegría y sin desesperación.

Iroso adivinó para Tubérculo de Malanga (Oreja de Elefante)

Iná rẹrẹ iná ori ni ò jo aṣọ
Iná rẹrẹrẹ àbàtà rẹrẹrẹ
Da fún Kókò ti nre' sálẹ̀ Okiti Èfòn
Ti nlọ kán 'ri lẹ̀ ọmọ bi
Iná nfẹ́ Kókò
Orun nfé Kókò
Òjò nfẹ́, Àbàtà nfẹ́
Nígbatí o ṣe, nwon ni ọ lọ rubọ
Kil'on a ru?
....

Traducción:

"Fuego ardiente, el fuego en la cabeza no quema la ropa
Fuego ardiente, barro húmedo"
Fue la adivinación para el tubérculo de Malanga
Cuando estaba descendiendo a la tierra de *Okiti Efon*
Donde quería empezar a tener hijos
El Fuego se enamoró de la Malanga
El Sol estaba enamorado de la Malanga
Lluvia estaba enamorado de ella y Barro estaba también enamorado de ella
Más tarde, ellos dijeron que deberían ir y ofrecer un sacrificio
Qué era lo que ellos debían ofrecer?
Ellos dijeron que ofrecieran agua fresca
Ellos dijeron que ofrecieran ropas teñidas de colores claros
Ellos dijeron que ofrecieran 4 palomas
Ellos dijeron que ofrecieran 8.000 cauríes
Ella debía ofrecer 4 pollos
Ella debía ofrecer la ropa clara teñida que usaba

Malanga juntó las cosas para el sacrificio, Ella hizo la ofrenda
Ella ofreció agua fresca
Cuando Ella empezó a brotar y crecer
Fuego escuchó que ella amaba al Barro
Sol escuchó que ella amaba al Barro
Lluvia escuchó que ella estaba amando al Barro
Fuego corrió tras ella
Sol corrió tras ella
Ellos la estaban persiguiendo
Lluvia llegó
Lluvia los alcanzó
Lluvia primero alcanzó al Sol y lo mató
Luego alcanzó al Fuego y lo mató
Antes de alcanzar a Malanga que se había refugiado bajo el Barro
Malanga se sentó y ella no se paró más.
Malanga se estableció allí
Y ella empezó a tener hijos debajo del Barro
Malanga estaba feliz,
Ella bailaba y cantaba
Ella alabó a los sacerdotes de òrìṣà
Ellos habían hablado la verdad

Dice òrìṣà que se haga ofrenda para no tener problemas causados por amantes.
La persona a la cual le aparece este odù debe evitar crear falsas ilusiones a quien la pretenda, deberá ser clara y explicar que ya tiene escogido un pretendiente con el cual vivir o en todo caso que ya tiene pareja.

Nota: "Oreja de Elefante" o "Malanga" es una planta cuyas hojas se parecen a la oreja de un elefante.

Iroso adivinó para *Òkànbí* cuando no tenía
descendencia

Iná bi l'ọnà
Iná bi rẹ̀rẹ̀ nfẹ̀ l'ayé
Dá fun Òkànbí
Èkíní ọmọ 'Dùdùwà
Nígbati nfomi ojú ṣògbéré ọmọ
Nwọn ni, awọn ọmọ rè fẹ̀ b'ọná
Òkànbí nìí, On ti se t'on le bimọ?
Nwọn ni o lọ k'ó rubọ
Kil'on o ru?
Nwọn ni o r'ègbà mẹ́rìnlà
Nwọn ni o r'ẹiyẹlé méjì
Nwọn ni o r'àkùkọ adiẹ
K'o r'agbebọ adiẹ
K'o ru aṣọ kan
Òkànbí sa k'ebọ, o rubọ nù
O kérù o tù
Òkànbí bẹ̀rẹ̀ s'ọmọ bi
....

Traducción:

"El fuego nace en el camino
El fuego nace ardiente extendiéndose en la vida"
Fue la adivinación para Òkànbí
El primer hijo de Ọdùdùwà
Cuando se lamentaba porque no tenía hijos
Ellos le dijeron: "Sus hijos se extenderán como el camino"
Allí estaba Òkànbí, qué debo hacer para tener hijos?
Ellos dijeron que debía ir y hacer una ofrenda

Que debería ofrecer?
Ellos dijeron que debía ofrecer 28.000 cauríes
Ellos dijeron que ofreciera dos palomas
Ellos dijeron que ofreciera un gallo
Él debía ofrecer una gallina
Debía ofrecer una prenda de vestir
Òkànbí junto las cosas e hizo la ofrenda
Él apaciguó a las divinidades
Òkànbí empezó a tener hijos
Él tuvo siete hijos
Sus hijos tuvieron más hijos
Y su descendencia se extendió por el pueblo de *Òkò*
Él estaba feliz,
Alabó a los sacerdotes de *òrìṣà*
Los sacerdotes de *òrìṣà* alabaron a *Òrìṣà*.

Òrìṣà pronostica una buena descendencia, las futuras generaciones difícilmente le olvidarán luego de muerto, será siempre recordado por algo importante que haga en el mundo.

Iroso enseña que hay que rendir culto a Egun

Eri sùn bá lẹ
Dá fún Èégun
Níjó tí nlọ wáyé
Nwọn ni ki ó ru bọ
Kil'on ó ru?
Nwọn ni ó ru ègbà mẹ́rìnlà
Nwon ni ó ru àgbò kan
....
....

    La cabeza duerme y toca la tierra
    Hizo adivinación para *Egun* cuando se disponía venir al mundo
    Ellos dijeron que debía hacer una ofrenda,
    Qué debe ofrendar?
    Ellos dijeron que ofreciera 28.000 cauríes
    Ellos dijeron que debía ofrecer un carnero
    Que ofreciera 4 pollos
    Que ofreciera telas coloridas
    Que debía ofrecer aceite de palma
    Que ofreciera cuatro *àkàrà*
    Que ofreciera una máscara de madera
    Que debía ofrecer cuatro bastones
    Que debía ofrecer un pote de barro
    Èégun juntó los materiales e hizo la ofrenda
    Luego partió para la Tierra
    Cuando llegó al mundo vino en forma de ser humano
    Y tuvo muchas bendiciones,
    Él tuvo muchos hijos
    Él tuvo muchas esposas
    Él tuvo dinero y prosperidad

Él tuvo una larga vida
Cuando tuvo que volver nuevamente al Cielo,
Èṣù le cerró las puertas y no lo dejó pasar
Èṣù le dijo que sus hijos en la tierra debían hacer una gran ofrenda para que él pudiera regresar al Cielo
Fue así como Èégun se comunicó con sus hijos pidiendo que le mandaran la ofrenda
Sus hijos hicieron la ofrenda y luego hicieron un altar para Èégun,
En dicho altar ellos estarían siempre comunicados
Es a través de la tierra que se llega al Cielo
Por eso había que cavar un agujero profundo
Allí adentro se colocaron los materiales de la ofrenda
Èégun entonces se transformó en inmortal
Él puede volver al Mundo y regresar al Cielo cuando quiere.

Irosun'sá hizo la adivinación para *Tọrọsí*

Òrò sún sá
Aféfé sá r'èwé
Dá fún Tọrọsí
Ọmọbinrìn t' Elèmpé
Nígbajo 'wárí ọkọ
Nwọn ní l'ebọ ni ó rú
Kíni on a wá rú?
Nwọn ni ki ó rú ẹgbẹgbàá mẹrìndínlógún
Nwọn ni ki ó rú àgbò kan
Nwọn ni ki ó rú akùkọ kan
Nwọn ni ki ó rú obì àbàtà òpòlòpò
N Nwọn ni ki ó rú ekọ mẹrìn
....

Traducción:

"Las palabras se mueven, corren
El viento corre y mueve las hojas"

Fueron los que hicieron adivinación para *Tọrọsí*
Hija del Rey de *Empé*
En el día que buscaba un marido
Ellos le dijeron que Ella debía hacer una ofrenda
Que debería ofrecer?
Ellos dijeron que ofreciera una paga de 32.000 cauríes
Ellos dijeron que ella debía ofrecer un carnero
Ellos dijeron que ofreciera un gallo
Ellos dijeron que ofreciera suficientes nueces de kola
Ellos dijeron que ofreciera 4 tamales de fécula de maíz blanco

Ellos dijeron que ofreciera 4 bolas de ñame
Ellos dijeron que ofreciera tiras de tela colorida
Ella juntó los materiales e hizo la ofrenda
Al poco tiempo llegó a la ciudad un noble con su ejército
Era Òranmìyán que pasaba por allí y se dirigía hacia la ciudad de Oko
El príncipe Òranmìyán conoció a la princesa Tọrọsí y quiso casarse con Ella
Èlémpé (padre de ella) estuvo de acuerdo si ella así lo quería
Ella entonces se casó con Òranmìyán
Tọrọsí estuvo felíz, ella cantó y bailó,
Ella alabó a sus adivinos,
Los adivinos alabaron a Òrìsà.
La pareja de recién casados, luego se fue a vivir a Oko y allí más tarde ella fue madre de Tela Oko, a quien también llamamos Ṣàngó.

Irosun'bàrà hizo la adivinación para Ọbàtilá el día en que su esposa lo dejaría

Ìrọ́ sùn ọba rá
Ọba rá kò sùn
Dá fún Ọbatilá
Nijó tí àyá yio lọ
Nwọn ni ki ó rú bọ
Nwon ni ki ijà ndé
....
Ọba kò wírọ́
Ìrọ́ má l'òòtọ́

Traducción:
La Mentira descansa, El Rey se arrastra
El rey se arrastra y no duerme
Fueron los adivinos que hicieron la adivinación para Ọbàtilá
El día en que su esposa se iría de la casa
Ellos dijeron que el debería hacer una ofrenda
Ellos dijeron que la pelea era inminente
Ọbàtilá había ido por adivinación
Pero él no hizo la ofrenda,
Ellos le dijeron que su esposa creía que era engañada por él
Y que en poco tiempo se iría de su casa.
Él dijo que él no tenía nada que temer, ya que él no engañaba a su esposa,
Por eso decidió no hacer la ofrenda
Cuando Èṣù vió que Ọbàtilá no hizo la ofrenda,
Colocó dentro de la casa ropas íntimas pertenecientes a otra mujer
La mujer encontró las ropas y supuso que su marido realmente andaba con otra
Entonces ella abandonó la casa.
Obàtilá entonces decidió ir nuevamente por adivinación,

Quienes hicieron la adivinación esta vez fueron:

Ọba kò wírọ́
Ìrọ́ má l'òòtọ́

"El Rey no miente,
La Mentira no es verdad"
Ellos dijeron que él debería hacer una ofrenda
Qué era lo que el debía ofrendar?
Ellos dijeron que ofreciera 6 bolas de arroz
Ellos dijeron que ofreciera 6 monedas
Él debería ofrecer sal gruesa
Ellos dijeron que ofreciera un trozo de cuerda
Ellos dijeron que ofreciera un pollo
Ellos dijeron que ofreciera 6 bolas de fariña con miel
Dijeron que él debía ofrecer algodón
Dijeron que ofreciera 6 alfileres
Él recolectó los materiales e hizo la ofrenda
Él apaciguó a las divinidades
 Èsù aceptó la ofrenda y le hizo ver a la esposa que estaba equivocada
 Unos días después su esposa volvió a la casa
 Él estaba feliz, el bailó y cantó en homenaje a los adivinos
 Los adivinos cantaron y bailaron homenajeando a los *Òrìṣà*

Ọ̀rọsún'wọlé explica porque algunas mujeres son iniciadas en la mascarada *Egúngún*

Òrọ sún ò wọlé
Bí ìgbá lù
Bí ìgbá ò lù
Tani ó jòó bàtà ìgbàa láíláí
A dá fún Alápìíni
Níjó ti nlọ 'gbéyawò
Nwọn ni ki ó rubọ
....

Traducción:

*"El Fantasma que se mueve no entra a la casa
Si hay mucho tiempo,
O si no se tiene tiempo,
Él es quien puede bailar al ritmo del tambor batá por un tiempo eterno"*
Fueron los adivinos que hicieron la adivinación para *Alápìínni*,
El día que iba a casarse
Ellos dijeron que debería hacer una ofrenda,
Dijeron que podría perder a su esposa el mismo día de su casamiento,
Debería ofrecer tiras de paño,
Que ofreciera 28.000 cauríes
Que debía ofrecer un carnero
Que ofreciera 4 pollos a *Èṣù* para que vigilara las cuatro esquinas
Que ofreciera maíz, *Òlẹ̀lẹ̀* (bollos a base de frijoles), *ataare* (pimienta), *ọtí* (bebida alcohólica) y que no hiciera la fiesta en el terreno ubicado dentro de sus propiedades,

pues *Òrìṣà* decía que *"El fantasma que se mueve no debía entrar a la casa".*

Alápìínni dijo que era imposible que perdiera a su esposa y mucho menos el mismo día de la boda,

Él dijo que ya había planeado invitar a la mascarada *Egúngún* a su casa el día del festejo anual, que era el mismo día de su casamiento.

Les recordó que hacía varios años, las mascaradas *Egúngún* eran un éxito y nunca había habido problemas.

Alápìínni decidió no hacer la ofrenda,

Él se marchó a su casa y se puso a preparar los festejos,

Invitó a muchas amistades de todas partes.

"El Fantasma que se mueve no entra a la casa
Si hay mucho tiempo,
O si no se tiene tiempo,
Él es quien puede bailar al ritmo del tambor batá por un tiempo eterno"

Fueron también los que hicieron adivinación para la mascarada *Egúngún*,

El día que iba a bailar en la casa de *Alápìínni*

Ellos dijeron que Ellos deberían hacer una ofrenda

Qué ofrenda deberían hacer?

Ellos dijeron que debían hacer la misma ofrenda que se le había recetado a *Alápìínni*

Ellos dijeron que de lo contrario podría quebrarse un tabú, pues alguien podría ver cosas que no debía.

La mascarada *Egúngún* tampoco quiso hacer la ofrenda, ya que consideró que siempre concurrían a casa de *Alápìínni* con motivo del festejo anual y nunca había pasado nada.

El día del festejo llegó…

El patio de *Alápìínni* estaba repleto de gente,

Él estaba muy orgulloso de su nueva esposa debido a su gran belleza,

Su esposa era de otras tierras y nunca había visto una mascarada *Egúngún*

Llegó la mascarada Egúngún con sus trajes y entró al patio bailando, cantando

La mascarada también hizo magia para entretener a los visitantes y rezó por el bienestar de todos.

La esposa de *Alápìínni* quedó muy impresionada con la mascarada,

Ella le preguntó a su esposo de donde venían estos seres

Su esposo no le respondió

Ella entonces fue a hablar con *Alágbàá,* que era el que dirigía la mascarada

Ella le dijo que le daría mucho dinero si él le contestaba de donde venían estos seres y si ella podía integrar la mascarada.

Alágbàá le dijo que eso debía preguntárselo a su marido,

Ella, sabiendo que su marido no le contestaría, decidió seguir a la mascarada cuando terminara la presentación de ese día.

La mascarada *Egúngún* al finalizar los bailes, partió rumbo al bosque sagrado sin saber que la esposa de *Alápìínni* los seguía a una distancia prudente.

La mascarada iba cantando los sagrados Ẹ̀sà sin mirar para atrás mientras se metían en el bosque sagrado.

Dentro del bosque, los integrantes de la mascarada empezaron a quitarse los trajes.

Al finalizar de quitarse las ropas, ellos escucharon un ruido y una fuerte carcajada, luego la voz de la esposa de *Alápìínni* que decía:

"Así que son hombres comunes y corrientes, no tienen nada de especial, es todo un engaño!".

Rápidamente uno de los *òjé* la capturó diciendo que había visto lo que no debía haber visto y por eso sufriría graves consecuencias.

Le enviaron un mensaje a *Alápìínni* diciendo lo que había hecho su mujer y las consecuencias de su acción.

Ellos tuvieron que iniciarla en el secreto de la mascarada,

Es desde ese día que algunas mujeres se inician en el culto de *Egúngún* por motivos excepcionales y se les llama

Ató, que es una palabra que deriva de *Afinntó* (haciendo ruido, husmeando) que era lo que la esposa de *Alápìínni* estaba haciendo en el bosque.

Alápìínni, a consecuencia de la pérdida de su esposa, dijo que de ese día en adelante, sería tabú para cualquier mascarada el pasar por el interior de su propiedad.

Ìrosùn'gundá adivinó paraỌtìn cuando no tenía marido

Ọrọ́ l'ọ̀sọ
Ogun dá kíkọlù
Dáṣà fún Ọtìn Akoro,
Nígbátí ó ń wá-kiri ọkọ
Nwon ni kí ó rú bọ fun kò níjà
Nwọn ni k'ó rú ẹgbẹgbàá mẹ́rìndínlógún
Nwọn ni k'ó rú adìẹ mẹ́rìn
Nwọn ni ó rú ẹyin-adìẹ mẹ́rìn
Nwọn ni ó rú àgbàdò súnsun
Nwọn ni ó rú ìgbín mẹ́rìn
Nwọn ni ó rú àṣọ funfun
Nwọn ni ó rú oyin
Ó gbó, sùgbọ́n kò rú bọ
....

Traducción:

"El cactus tiene espinas
La batalla causa conflictos"
Fueron los adivinos de òrìṣà para Ọtìn Akoro
Cuando ella estaba buscando marido
Ellos dijeron que debía hacer una ofrenda
Para evitar un conflicto
Ellos dijeron que debía ofrecer 28.000 cauríes
Ellos dijeron que ofreciera 4 gallinas
Ellos dijeron que ofreciera 4 huevos
Ellos dijeron que ofreciera maíz torrado
Ellos dijeron que ofreciera 4 caracoles
Ellos dijeron que ofreciera telas blancas
Ellos dijeron que ofreciera miel
Ella escuchó pero no hizo la ofrenda

Al tiempo *Qtìn* se casó con un Cazador
Ella tenía un secreto...
Había nacido con cuatro senos
Le pidió al Cazador, que respetara su secreto
Éste estuvo de acuerdo
El Cazador le dijo que él tenía prohibido consumir miel,
Le pidió a Ella que respetara su prohibición.
Ella estuvo de acuerdo.

Qtìn se transformó en poco tiempo en la mujer predilecta del Cazador

Las otras mujeres del Cazador se pusieron celosas

Ellas idearon un plan para que el Cazador la echara de la casa.

Esperaron a que llegara el momento en que tenía que cocinar *Qtìn*.

Entonces, sin que *Qtìn* las viera, ellas agregaron miel a la comida del Cazador.

Cuando el Cazador probó la comida, se dió cuenta que tenía miel

El Cazador dijo: "Eres una mala esposa, has agregado miel a mi comida sabiendo que es mi prohibición!"

Qtìn dijo que ella no había hecho eso,

El Cazador se enojó aún más diciendo que era también mentirosa y se preparó para castigarla

Ella salió huyendo de la casa, escapando de la ira de su marido,

Su marido la seguía de cerca y cuando estaba a punto de alcanzarla,

Qtìn se convirtió en un río.

"*El cactus tiene espinas*
La batalla causa conflictos"

Fue la adivinación para *Qtìn*, cuando buscaba marido

Es por eso que adoramos a *Qtìn* en las márgenes del río que lleva su mismo nombre.

Por eso también es que *Qtìn* no tiene marido y no tuvo hijos en el mundo.

Dice *Òrìṣà* que para evitar un conflicto con otra persona que puede provocar cambios drásticos en su vida, se deberá hacer una ofrenda.

Evite comer fuera de su casa porque puede intoxicarse con alimento en mal estado.

No permita que cocine para usted nadie que no sea de confianza, preste atención para no consumir alimentos prohibidos o que le hagan mal a la salud.

No tenga plantas con espinas dentro de su casa.

Irosunloko adivinó para *Òrìṣà Jaye* cuando deseaba tener hijos

Èro sùn l'oko
Ègúngún t'o gbe'ni la daṣo fun
Òòṣà t'o gbe'ni làá sìn
Bi'gi ba gbè mi,
Mo le k'obi
Ma màá bo'gi
Da fun Òòṣà 'Jaye
Ọmọ a f 'Ìrókò ṣe win bọ
On ti se t'on le'i bi'mọ?
Nwọn ni ó màá lọ bọ Ìrókò
Nwọn ni l'ọdọ 'Rókò l'ọmọ rẹ wa
Kil'on ó ru?
Nwọn ni ó r'ẹgbàá mẹ̀rìnlá
Nwọn ni ó r'ẹiyẹlé
Nwọn ni ó r'akùkọ adìẹ
Nwọn ni k'ó k'obì
Nwọn ni k'o ni jẹ, k'o ni mu
K'o d'ọdọ 'Rókò nùú
Ó sa ru'bọ, o si bọ Ìrókò
Òòṣà 'Jaye ba bere s'ọmọ bi
....

Traducción:

"La idea duerme en el campo,
El Egun que nos ayuda es aquel para el cual ofrecemos telas"
El òrìṣà que nos ayuda es aquel al que servimos
Si un árbol me ayuda,
Puedo recoger nueces de kola y ofrecerlas al árbol"
Fueron los que hicieron adivinación para *Òrìṣà 'Jaye* (un tipo de *Òòṣà-nlá* que se presenta como guerrero y joven)
Hijo de "Aquel que sacrifica al Espíritu del Árbol de Iroko"

Qué debería él hacer para tener hijos?
Ellos dijeron que debería ir al pie del árbol de Iroko y hacer una ofrenda,
Ellos dijeron que sus hijos estaban con Iroko
Qué debía ofrecer?
Ellos dijeron que ofreciera 28.000 cauríes
Ellos dijeron que ofreciera una paloma
Ellos dijeron que ofreciera un pollo
Ellos dijeron que ofreciera nueces de kola
Ellos dijeron que debería tomar los alimentos y las bebidas e ir hasta el árbol de Iroko.
Cuando él llegó al pie del árbol,
Él ofreció el sacrificio en honor a Iroko
Òòṣà 'Jaye enseguida empezó a tener hijos
Y sus hijos fueron numerosos
Òòṣà 'Jaye estaba feliz,
Él cantaba y bailaba, alabando a los adivinos
Los adivinos alabaron a Òrìṣà

Irosun adivinó para el Sacerdote de *Òrìṣà*

Olúkú jẹ'gba
Àjào jẹ'gba
Da fun Babalóòṣà
Tí o forin s'arudà ẹbọ
K'o má rin orin
K'ó to má kí'Ṣà
Nwọn ni ki babalóòṣà ru 'bọ
Nwọn ni ó r'ẹgbàá mẹ́rìn
Nwọn ni ó ru orin mẹ́rìn
Nwọn ni ó r'akukọ
Babalóòṣà sa k'ẹbọ, ó ru bọ
K'ó ru'bọ bẹ́ẹ́ tan nùú
Babalóòṣà, gbogbo ohun ti nsọ
Àṣẹ ni njẹ
Babalóòṣà ni nwa njó, ni nwa nyọ
Ni nyin àwon awóriṣà
Àwon awóriṣà nyin'Ṣà

Traducción:

El Amo de la Muerte se come a doscientos (seres humanos)
El Tornado se come a doscientos (seres humanos)
Fue la adivinación para el *babalóriṣà*
Que se masticaba "palos de masticar" (raíces de regaliz) en la mañana antes de ofrendar
Él no debería masticar "palos de masticar" antes de saludar a *Òrìṣà*
Ellos dijeron que el *babalóriṣà* debería hacer una ofrenda
Ellos dijeron que ofreciera 8.000 cauríes,
Ellos dijeron que ofreciera 4 palos de masticar (raíces de regaliz)
Ellos dijeron que ofreciera un pollo

El sacerdote de *òrìṣà* juntó las cosas para la ofrenda,
él hizo la ofrenda
Cuando terminó de hacer la ofrenda
El sacerdote de *òrìṣà,* todo lo que decía
Se hacía realidad,
Su poder se cumplía,
El babalórisà estaba contento, el bailaba
Estuvo alabando a sus adivinos
Y los adivinos alabaron a *òrìṣà.*

Dice *òrìṣà* que al levantarse en la mañana, el sacerdote de *òrìṣà* (o el iniciado – poseedor de *òrìṣà*) debe antes que nada saludar a *òrìṣà* y hacer los rezos matinales para obtener *àṣẹ* y así hacer efectivas sus ofrendas y pedidos.

Dice *òrìṣà* que las bendiciones y la prosperidad vendrán siempre y cuando la persona tenga una aptitud sumisa y servil frente a los *òrìṣà,* debiendo entender que su buena fortuna provendrá de lo que *òrìṣà* desee darle.

www.ingramcontent.com/pod-product-compliance
Lightning Source LLC
Chambersburg PA
CBHW070336230426
43663CB00011B/2339